나의 하루는 새벽 4시 30분에
감사로 시작된다

나의 하루는 새벽 4시 30분에 감사로 시작된다

초판 1쇄 2022년 08월 24일

지은이 김유니 | **펴낸이** 송영화 | **펴낸곳** 굿위즈덤 | **총괄** 임종익

등록 제 2020-000123호 | **주소** 서울시 마포구 양화로 133 서교타워 711호

전화 02) 322-7803 | **팩스** 02) 6007-1845 | **이메일** gwbooks@hanmail.net

© 김유니, 굿위즈덤 2022, *Printed in Korea*.

ISBN 979-11-92259-53-6 03190 | 값 15,000원

나의 하루는 기적의 연속이다!

나의 하루는 새벽 4시 30분에 감사로 시작된다

김유나 지음

굿위즈덤

매일 같은 일상 속에서 감사를 찾는다는 것은 쉽다. 하지만, 연습이 필요하다. 첫발을 내딛는 순간 삶은 달라진다. "감사합니다."는 마법의 주문이기 때문이다.

감사는 제일 먼저 자기 자신을 사랑하게 한다. 자기 자신을 사랑한다는 것은 무엇일까? 이 질문이 내게도 가장 어려웠다. 자기 자신을 사랑한다는 것은 있는 그대로 받아들이는 것으로 시작된다. 자기 자신을 인정하기 시작하면서 세상을 바라보는 방식이 바뀌기 시작한다.

나는 삶의 절망 가운데 내 생명과 바꿀 정도의 고통 속에서 감사라는 마법의 주문을 체득할 수 있었다. 삶이란 깨달음의 연속이다. 나이가 들고 몸은 어른이 되지만 정신 연령은 어린아이와 같은 어른들을 많이 본다. 나 역시 그런 어른이 되지 않으려고 매일 삶이 주는 가르침 속에서 배워나가고 있다. 가끔 내게 묻는다. "무엇이 좋아서 그렇게 웃고 사세요?"라고 말이다.

나의 비결은 '감사'이다. 감사를 통해 내 인생은 애벌레가 나비가 되듯이 바뀌었기 때문이다. 움츠린 나의 과거로부터 나오는 유일한 도구였다. 지금은 나에게 행복과 행운의 도구이다.

당신의 삶은 어떤가? 행복한 삶인가, 힘들고 외로운 삶인가? 아니면 과거에나 지금에나 변하지 않는 삶을 살고 있는가? 또, 당신의 하루는 어떤가? 나는 지금 행복한 삶을 살고 있다. 또한, 행운 가득한 삶을 살고 있다. "설마?"라고 말할 수 있다. 그렇게 생각할 수 있다. 하지만 내가 행운을 선택하는 순간 나의 삶은 행운으로 가득 찰 준비를 한다. 지극히 작은 것이라도 깨어 있다면 나의 것으로 만들 수 있다.

하루를 기적으로 살아가는 방법은 단순하다. 매일 아침 새벽에 눈을 뜨면 제일 먼저 나는 '감사합니다. 살아 숨 쉴 수 있음에 감사합니다. 나의 미소만으로도 세상에 기쁨이 되는 하루가 되었으면 좋겠습니다!'라는 마음을 갖는다. 나의 하루는 행운의 연속이다.

또 나의 아이들에게 내가 할 수 있는 것은 각자의 인생을 스스로 선택할 수 있는 지혜를 알려주는 것이었다. 그 덕분에 나는 당당한 엄마로 설수 있게 되었다. 나는 이 책을 통해 '감사'가 주는 특별함을 선물해주고 싶다.

나는 〈한책협〉의 김태광 대표 코치님을 만난 것이 내 인생 2막을 열게 된 가장 큰 기회이자 행운이라고 생각한다. 내가 이 책을 집필할 수 있도록 이끌어주신 〈한국책쓰기강사양성협회〉의 김태광 대표님과 〈위닝북스〉 권동희 대표님께 진심으로 감사를 표한다. 이 두 분 덕분에 나는 나의 꿈인 작가가 될 수 있었다. 또, 부족한 엄마로 인해 많은 불편함을 겪으면서 성장해야 했던 아들과 엄마가 작가가 되었다고 자랑하는 딸에게 진심으로 사랑을 전한다.

엄마라는 이유로 나와 함께 해준 아이들에게…
"엄마가 많이 아끼고 사랑한다."

2022년 7월 어느 날, 김유니

목차

2장

감사할수록 행복해지는 마법의 주문

3장

인생을 바꾸는 감사 다이어리

4장

힘든 순간일수록 더욱 감사하라

1장

하루를 감사로 시작하는 이유

나의 하루는 새벽 4시 30분에 감사로 시작된다

하루를 감사로 시작하는 이유

그 사람이 얼마나 행복한가는
그 사람이 느끼는 감사의 깊이에 달려 있다.

– 존 밀러(작가) –

　하루를 감사로 시작해야 하는 이유는 뭘까? 하루를 시작하는 첫 감정이 나의 인생을 좌우하기 때문이다. 내가 하루를 감사로 시작하게 된 이유가 있다. 나는 가진 것도 없고 내놓을 만한 스펙도 없다. 거기에다 남들에겐 당연한 인맥도 없다. 그 이유 중 하나는 어린 시절 1년에 한 번씩 이사했기 때문이다. 그 탓에 그 흔한 초등학교 친구 하나 내겐 존재하지 않게 되었다.

　어릴 적 나는 있는 듯 없는 듯 존재감 없이 조용한 아이였다. 그래서 매년 학교를 옮길 때마다 낯가림이 심해 친구들을 사귈 수 없었다. 그렇게 나는 사춘기를 맞이했다. 그 시절도 늘 외롭고 우울하게 지냈다. 그 덕분에 나는 내가 경험하지 않아도 되는 유년 시절을 보냈다.

중학교에 들어간 나는 매일 창밖을 내다보며 시를 썼다. 그렇게 나의 마음을 시로 표현하면서 지내던 어느 날, 이렇게 사는 것보다 죽는 것이 낫겠다 싶었다. 그래서 나는 두려움을 무릅쓰고 자살을 시도했다. 아무도 없는 틈을 타서 아크릴 본드 한 병을 삼켜버린 것이다. 하지만 그 순간, 나는 사람은 죽음 앞에서 가장 살고 싶은 욕망을 갖는다는 사실을 깨닫게 되었다.

극한 두려움이 몰려드는 순간 살고 싶었다. 내가 삼킨 본드를 토해내며 살려 달라고 기도했다. 나는 태어나 처음으로 믿지도 않았던 하나님을 부르면서 "제발 살려만 주세요."라고 매달렸다. 살려만 주시면 "열심히 살겠습니다."라고 기도했다. 그리곤 물과 소화제를 먹어가며 본드를 희석했다. 나는 다행히 살게 되었다.

처음으로 죽음에 맞닥뜨렸던 경험을 통해 나는 내 삶에 순응하는 법을 배웠다. 그렇게 중학교 시절을 보내고 상업고등학교에 입학했다. 고등학교에 들어가서야 겨우 친구들을 사귀게 되었다. 그리고 여느 소녀들처럼 여고 시절을 보냈다.

졸업 후 출세해보겠다며 경기도에서 서울로 2년간 새벽 5시 30분에 출근해 12시까지 치열하게 직장 생활을 했다. 그때의 기억 때문인지 지금도 서울은 특별한 일이 있을 때만 올라가게 된다. 그 후, 나는 파란만장한 20대를 맞이하게 된다. 롤러코스터 같은 나의 인생 열차는 멈출 줄 모르고 엔진이 고장 난 것처럼 질주했다. 나는 엄한 아버지 탓에 독립의 도구로 결혼을 선택했다. 그것이 나의 첫 번째 결혼이었다.

그때까지도 나는 감사라는 것을 모르고 살았다. 그냥 여자는 나이가 차면 결혼하고, 결혼하면 당연히 아이를 낳아야 한다고 생각했다. 그렇게 아무런 준비 없이 난 두 아이의 엄마가 되었다. 최선을 다한다고 했지만, 그 결혼생활은 3년 만에 종지부를 찍었다.

나의 고장 난 롤러코스터 같은 인생 열차는 이렇게 잠시 멈추었다. 그리고 그때부터 나는 죄의식과 죄책감에서 벗어나려고 전국의 산들을 돌아다녔다.

그러던 어느 해 11월 북한산을 등산하고 내려오다 낙엽이 뒹구는 것을 보았다. 그러면서 나의 인생이 주마등처럼 스쳐 지나갔다. '하나님이 나를 살리신 이유가 뭘까? 나란 존재는 무엇일까?'라는 생각이 스치면서 '나는 누구인가?'라는 질문으로까지 이어졌다. 나는 그 해답을 알려고 단학 수련을 시작했다.

그때부터 나의 인생은 달라지기 시작했다. 감사를 알게 되고 사랑을 알게 되었다. 이타적인 마음과 무조건적인 사랑을 알게 되었다. 그러면서 나를 용서하게 되었다. 나의 힘든 과거가 감사함으로 변화되었다. 그 모든 것이 나의 깨달음의 여정 속에 스승으로 존재한다는 것을 이해하면서 인생은 잠시 행복의 물결을 타게 되었다.

고장 난 롤러코스터 같은 나의 인생 열차는 그렇게 한동안 멈추게 되었다. 나는 감사와 자신감으로 세상을 살아가면서 심오한 내면 탐구를 시작했다. 라마나 마하리쉬의 저서 『나는 누구인가』를 통해 나의 존재를 이해하게 되었다. 그리고 단학의 지도자 역할을 제의받았지만, 어느 것에도 매이고 싶지 않았다. 나는 평범한 인생을 살고 싶었다.

그것이 나의 롤러코스터 같은 인생의 제2의 출발점이 되었다. 사람 사는 게 별거냐! 하면서 그냥 사람답게 살아야지 싶었다. 그렇게 제2의 인생을 선택하게 되었다. 그러나 그 후 내 인생에서 감사와 사랑은 어디론가 또 사라지고 말았다. 두 번째 결혼과 동시에 시작한 신앙생활은 나를 또 하나의 공간에 가두었다. 7년이란 세월 동안 오로지 집, 교회, 교제뿐이었다. 그 외의 모든 것은 내 인생에 존재하지 않았다.

결혼 후 이것이 아닌 줄 직감했지만 이미 배 속에서 아이가 자라고 있었다. 나에게는 선택의 여지가 없었다. 나는 나의 선택이 잘못되지 않았음을 증명하고 싶었다. 하지만 그것이 나만의 착각이라는 것을 나의 온 삶이 증명하고 있었다. 그렇게 참고 견디면서 나는 나 자신의 빛을 잃어가고 있었다.

그러던 중 마음 수련을 하게 되었다. 마음 수련을 통해 나는 빛을 되찾았다. 오랫동안 잊고 있었던 감사와 사랑이 내 삶에 다시 찾아들었다. 고장 난 롤러코스터 같은 내 인생 열차는 두 번째 이혼으로 완전히 멈추게 되었다. 그런 줄 알았다.

삶과 죽음을 오가면서 내가 감당해야 할 무게는 너무 컸다. 나는 3년이란 시간 동안 온전히 몸으로 그 무게를 버텨내며 다시 인생을 살기로 선택했다. 그것이 내가 선택한 수행의 길이었다. 인내와 비움의 마음으로 몇 년을 무탈하게 지냈다. 어느 날, 내게 들어온 메일을 확인하기 전까지는! 아이가 학교엘 안 간다는 메일이었다.

나는 수행자의 몸이긴 했지만, 아이의 엄마라는 사실 또한 변함없었다. 모두가 말렸지만, 그 아이의 인생에서 가장 중요한 시기를 모른 척할 수 없었다. 그래서 나는 또 롤러코스터 같은 나의 인생 열차를 가동하기 시작했다. 수많은 시행착오 끝에 아이는 학교에 잘 적응하게 되었다.

그 아이를 통해 나는 세상을 다시 배우게 되었다. 나는 다시 한번 세상에 내 몸과 마음을 담아 경제활동을 시작했다. 그때부터 나는 론다 번의

『시크릿』, 나폴레온 힐의 『생각하라, 그러면 부자가 되리라』, 조셉 머피의 『잠재의식의 힘』 등 수많은 자기계발서를 탐구하면서 나의 사고를 긍정적으로 전환하려고 했다. 지금과는 다른 삶을 살고 싶었기 때문이다. 과거의 삶으로 되돌아가고 싶지 않았기 때문이다.

그래서 내 생각을 바꾸기 시작했다. 거기에 빼놓을 수 없는 것이 '감사'다. 내가 읽은 책들의 공통점은 가진 것에 감사하라는 것이었다. 부(富)를 누리려면 돈도 인격체로 여겨야 한다는 것이었다. 그때부터 한동안 나는 '감사합니다'를 입에 달고 살았다.

그때부터 나의 삶은 변화하기 시작했다. 감사를 시작하고 나서부터 신기한 일들이 내 삶에 펼쳐졌다. 5억 원이 넘는 빚은 파산면책으로 탕감되었다. 거기에 보험에 압류되었던 1,000만 원도 자연스럽게 면제되었다. 그것만이 아니다. 내 명의로 아파트도 사게 되었다. 감사를 말하는 동안 나는 작고 큰 기적들을 경험하게 되었다. 하지만 인간은 망각의 동물이라고 꾸준한 행동이 뒷받침되지 않았다. 아이의 문제를 계기로 다시 작동한 롤러코스터는 잠시 멈추었다가 아버지의 죽음에 맞닥뜨려 다시 작동하기 시작했다.

아버지의 죽음 이후 동생과의 결별, 친인척과의 결별 등 모든 것이 또소용돌이쳤다. 그렇게 나의 인생 열차는 고삐 풀린 망아지처럼 날뛰었다. 내가 감사로 받은 선물들은 한순간에 날아가버렸다. 그 후 잘 다니던 안정적인 직장을 그만두고 두 번째 수행을 선택했다. 그렇게 2년간 전국을 돌아다니다가 내가 벌어놓은 것을 다 써버리고 나서야 다시 정신을 차리게 되었다. 아버지의 죽음 이후 어른 고아가 되어서야 아이들에 대한 생각이 달라졌다.

'아! 내가 이 아이들에게 버팀목이 되어줘야 하는 거구나!' 하면서 나는 두 번째 수행을 접었다. 지금은 지극히 평범한 사람으로 살아가고 있다.

나는 감사가 삶에 얼마나 많은 선물을 가져다주는지 깨닫게 되었다. 지극히 단순하고 쉽지만, 꾸준히 하기 어렵다는 것이 감사의 놀라운 비밀이다. 비로소 그것을 깨닫게 되었다. 감사가 주는 것은 신이 우리에게 주는 무조건적인 사랑이라는 것을 알게 되었다. 이는 전무후무한 나의 삶이 말해주고 있다. 왜 하루를 감사로 시작해야 하는지 말이다.

하루를 감사로 시작한다면 아름다운 인생을 살게 되리라는 것을 나는 확신한다.

나는 매일 기적을 경험하고 있다

**숨 쉬듯이 감사하는 사람은 매일 기적을 경험하게 된다.
삶이 기적 자체이기 때문이다.**

– 미상 –

메르스(MERS: 중동 호흡기 증후군)가 한창 유행했던 2015년 6월. 사랑하는 엄마를 마음에 묻어야만 했던 시기이다. 내겐 잊을 수 없는 기억의 파편이 있다. 두 번의 결혼과 이혼을 반복하면서 엄마의 가슴을 무척이나 아프게 했던 나다. 자식이 무례함을 행해도 부모의 사랑은 한결같음을 나는 엄마를 통해서 깨달았다. 자식의 아픔을 보면서 남몰래 애타는 가슴을 수없이 쓸어내리셨을 나의 엄마!

'남들처럼 잘 살면서 효도했을 텐데!' 하는 후회는 철이 들어서 할 수 있었다. 내가 용서를 구하고 미안하다고 말할 엄마는 지금 내 곁에 없다. 각각의 사연은 다 있겠지만 지금 내가 가장 부러운 것은 부모님과 함께 하는 분들이다. 나는 나이가 환갑이 지나셨든 칠순을 바라보시든 고희를 넘기셨든 살아 계시기만 하면 참 좋겠다. 나름 고충 때문에 힘들 수도 있다. 하지만 먼저 경험한 나로서는 내 곁에 계셔주기만 한다면 맘껏 사랑하고 표현해주고 싶다. 사랑한다고. 고맙다고. 엄마가 나의 엄마라서 행복하다고….

다른 집 모녀들은 목욕탕도 같이 가고 재잘재잘 수다도 많이 떤다고 한다. 유독 떨어져 산 덕분에 나는 엄마와 친근함을 표현하지 못했다. 그런 평범함이 내겐 늘 어색했다. 부모는 무식하리만큼 자식에 헌신적이다. 거기에 비하면 나는 많이 부족하다. 남들이 보면 모성애가 부족해보일만큼! 외동딸로 자라면서 적어도 나의 부모에게만큼은 넘칠 만큼 사랑을 받았다. 그때는 그것이 지독하리만큼 집착이라 생각했다. 표현이 서툰 부모님의 사랑을 나는 오해했다. 엄마는 여자로서, 엄마로서, 며느리로서 사랑과 대우를 많이 받지 못하셨다. 어린 나이에 가난한 집 6남매의 맏며느리로 들어와 온갖 고생을 다하고서도 젊은 날의 실수로 평생 아빠의 의처증에 시달렸다. 그런 아빠를 미워하느라 사랑하는 법을 배우지 못했다.

나는 엄마의 삶을 바라보며 절대로 엄마처럼 살지 않을 거라 다짐했다. 나의 엄마는 마음고생이 심하셨다. 우리 집은 1년에 몇 차례 살림도구들을 장만해야 했다. 술만 드시면 의처증을 보이시는 아빠, 싸움에서 지기 싫어 대면했던 엄마, 그런 나에게 행복은 찾으려 해도 찾을 수 없었다. 그런 가정환경 탓에 나는 나를 사랑하는 법조차 배울 기회가 없었다. 나는 나의 아픔을 끌어안고 살았다. 친정 식구들에게조차 연락하지 않고 3년이란 시간을 보냈다. 그 3년 동안 나는 외부를 나가지 않고 오직 자연치유 숍에서만 지냈다.

아이들에 대한 미안함, 죄책감 등으로 얼룩진 내 마음의 상처가 아물기 시작했다. 감사와 사랑을 실천했다. 나는 나의 잠재의식의 무한함을 인식하면서 내 삶을 재창조하고 있었다.

나를 사랑하는 법을 배워나가면서 조금씩 변하기 시작했다. 그때부터 엄마를 이해하기 시작했다. 2014년 어느 날, 3년 가까이 연락이 끊겼던 사촌 동생에게 연락이 왔다. 사촌 동생의 첫마디는 "언니, 큰엄마가 많이 아프셔~! 연락 꼭 한번 해!"라는 것이었다. 나는 떨리는 목소리로 "어디가 아프신데?"라고 물었다. 사촌 동생은 "언니가 직접 전화해 봐."라며 짧게 대답했다. 예감이 좋지 않았다. 불안한 마음에 나는 전화를 했다. 못난 자식이라 부모님께 받기만 했다. 해드린 것이 너무 없고 미안한 마음이 너무 커서 연락조차 하지 못했던 것이다.

　나는 바로 전화했다. "여보세요~ 엄마, 저예요."라는 말에 엄마는 "야 이년아, 너는 엄마가 죽어도 모르겠다!"라면서 첫마디가 욕부터 나오셨다. 나는 "미안해요, 엄마! 근데 어디 아프다고 들었는데 어디가 아프세요?"라고 하니 엄마는 "병원에서 간경화라고 하더라."라고 남 얘기하듯이 말씀하셨다. 그제야 부드러운 음성으로 "잘 지내니? 이제 집에 왔다 갔다 해?"라고 하시면서 전화를 끊으셨다. 나의 머리는 망치로 한 대 얻어맞은 기분이었다. 나는 엄마를 다시 보던 그날 한없이 울었다. 이제 조금 살 만하니깐 온몸은 병이 들어 만신창이가 된 엄마를 보면서 같은 여자로서도 너무 불쌍했다. 내가 소식이 끊긴 3년 동안 엄마는 그 병을 이미 알고서도 살고 싶지 않아 술을 매일 같이 드셨다고 한다.

　살고 싶은 희망조차 잃어버린 나의 엄마! "그냥 죽을 날만 기다린다!"는 그 말이 지금 이렇게 나의 가슴을 먹먹하게 한다. 그때부터 나는 엄마에게 자주 연락을 드리기 시작했다. 예전엔 잔치처럼 여겼던 환갑이 어느 순간부터 의미 없이 지나는 시기에 엄마도 환갑을 맞이하셨다. 음력 12월 19일이시라 2015년 2월이셨다. 겨울이기도 하고 엄마가 많이 아프셔서 멀리 이동하긴 불편했다. 하지만 밥 한 끼도 못 먹고 내가 아무것도 하지 않으면 후회할 것 같은 예감이 나를 엄습했다. 그래서 내가 생활하던 대전 근교 금산 적벽강에 있는 펜션을 얻어 1박 2일을 보냈다. 그것이 엄마의 마지막 환갑 생신이셨다. 그 후 엄마는 빠르게 악화 되셨다. 나는 엄마가 입원해 있는 3개월 동안 수시로 대전에서 경기도로 왔다 갔다 하면서 병간호를 했다. 엄마는 서울대, 아주대, 천안 아산병원에 몇 번의 입퇴원을 반복했다. 사회적 이슈가 되었던 메르스가 터진 그 시기에 엄마도 자기의 영혼 수업을 마치시고 본연의 고향으로 돌아가셨다.

이 글을 적고 있는 나는 생전 단 한 번도 들려주지 못했던 어머니의 은혜에 대한 노래 가사가 생각난다.

1절: 낳실 제 괴로움 다 잊으시고 / 기를 제 밤낮으로 애쓰는 마음/ 진자리 마른자리 갈아 뉘시며/ 손발이 다 닳도록 고생하시네/ 하늘 아래 그 무엇이 넓다 하리오/ 어머님의 희생은 가이없어라.

2절: 어려선 안고 얼러주시고/ 자라선 문 기대어 기다리는 맘/ 앓을 사 그릇될 사 자식 생각에/ 고우시던 이마 위에 주름이 가득/ 하늘 아래 그 무엇이 넓다 하리오/ 어머님의 희생은 가이없어라.

『세설신어 世說新語』에 이런 이야기가 나온다.

진 나라 환온이 배를 타고 삼협이라는 곳을 지날 때, 그를 따라가던 시종 한 사람이 원숭이 새끼를 한 마리 붙잡았다. 그러나 어미 원숭이가 이 새끼를 못 잊어 슬피 울면서 강변을 따라오기 백여 리, 마침내 어미 원숭이는 애가 타서 배 위에 뛰어올라 기절해 죽었다.

사람들이 그 어미 원숭이의 배를 가르고 보니 창자가 마디마디 끊어져 있었다. 자식을 사랑하는 어미 마음이 어찌 짐승이라고 다를 수 있겠는가. 산목숨을 괴롭히지 말 일이다.

죽이지 말 일이다.

짐승도 이와 같은데 엄마는 다 큰 아들을 먼저 보내고 얼마나 가슴앓이를 했을까! 힘들게 사는 딸자식을 보면서 얼마나 애타하셨을까! 살아 계신 것이 기적이 아니었을까! 지금은 그 마음 다 헤아려주고 싶어도 들어줄 엄마와 아버지는 내 곁에 안 계신다.

내가 지극히 평범하게 세상과 조화롭게 살았다면 나는 어떤 삶을 살았을까! 오십을 넘기는 나이에도 불구하고 부모님의 사랑과 그리움이 가슴에 사무친다. 우리 옛말에 "있을 때 잘해."라는 말은 빈말이 아니다. 그렇게 엄마를 보낸 후 나는 더 많은 감사를 하면서 떨어져 있던 아이들을 보살피기 시작했다. 자식 사랑은 내리 사랑이라고 하지 않던가! 무조건적인 사랑일 때만이 진정한 사랑이라는 새로운 관념을 받아들이면서 내게 일어나는 모든 일에 감사하기를 실천했다. 내가 매일 감사를 했던 그 시기에 나는 나의 부정적인 에너지를 아이들에게 주지 않으려고 무단히 나 자신을 인내해야 했다. 나는 항상 체력이나 내 감정 상태가 좋을 때 아이들과 통화하려고 애썼다. 왜냐하면 나의 마음 상태가 그대로 전달된다는 사실을 알고 있었기 때문이다. 나는 아이들에게 미안한 마음을 갖기보다는 건강한 마음에 대해 얘기하기 시작했다.

엄마 덕분에 깨달은 것은 미우나 고우나 자식은 자식이라는 사실이다. 아이들에겐 자기를 무조건 믿어주는 믿음과 신뢰가 중요하다. 사춘기를 겪는 아들에게 나는 기다림과 인내를 배웠다. 그 아이에게 나는 화가 났을 때 자기감정 조절하는 법을 차분히 설명할 수 있었다. 방법을 알려주고 지켜보았다. 아이가 자기감정 조절을 시작하면서 아이의 사춘기도 끝났다. 나는 이런 것들이 기적이라고 생각한다. 엄마가 말없이 내게 베푼 사랑을 나는 지금 나의 아이들에게 행하고 있다. 나는 아이들에게 감사와 사랑을 말해주고 있다. 자기 자신을 사랑해야 하고 자기 인생에 주인공이 되는 법을 말해줄 수 있게 되었다. 그리고 무엇보다 세상의 기준이 아닌 너의 가슴이 뛰는 삶을 선택하라고 말해줄 수 있는 용기이다. 예전에 나라면 불가능하다.

과거의 모든 것들이 감사로 돌아오면서 지금 나는 매일 기적을 경험한다. 나의 한 생각이 현실을 창조하는 즐거움을 알기 때문이다. 생각 조심, 말조심, 행동 조심을 하라는 데는 다 이유가 있다. 아이들에게도 일관된 태도를 유지할 수 있었던 것은 감사 덕분이다. 감사를 하다 보면 한 생각 떠오른 것을 바로 경험하게 되는 경우가 많기 때문이다. 감사는 내가 피해야 할 상황들을 자연스럽게 알려준다.

『호오포노포노』의 마벨 카츠는 말한다. "삶은 생각보다 참 쉽다."라고.

이제 나도 말할 수 있다. "감사는 참 쉽다. 그리고 매일 기적을 경험하게 해준다."라고 말이다.

03

나의 하루는 새벽 4시 30분에 감사로 시작된다

아침에 눈 뜨자마자 감사할 일을 머릿속에 그리려고 노력했다.
그것은 행복과 건강을 가져다주는 습관이었다.

- 데일 카네기 -

매일 새로운 아침을 맞이하고 있다. 내가 있는 이곳은 도시라고 하기엔 조금 부족하고 완전 시골이라고 하기에도 조금 부족하다. 하지만 주변에 나무도 많고 들녘마다 밭들도 무성하다. 우리 주변엔 도시이건 시골이건 상관없이 아침이 되면 해가 뜨고 새가 지저귄다.

이런 자연의 소리를 들을 수 있다는 것은 큰 기쁨이고 행복이다. 과거에도 그랬고 현재에도 그렇고 미래에도 그럴 것이다. 하지만, 어떤 이에게는 이 작은 일상들이 전혀 보이지도 않고 들리지도 않는다. 과거의 나도 그랬다.

지금 나의 하루는 새벽 4시 30분에 감사로 시작된다.

살면서 지금처럼 감사로 시작해서 감사로 잠이 드는 삶을 그때도 살았더라면, 어릴 적부터 감사와 사랑을 내게 알려주었더라면 좀 더 행복한 삶을 살았을 것이다.

하지만, 지금이라도 이 비밀들을 알고 실천하고 하루를 살아간다는 자체가 기적이다.

나의 꿈은 현모양처였다. 동네 어른들이 내게 지어준 별명이다. "얼굴이 복스럽게 생겨서 부잣집 맏며느리감이야."라는 말을 듣고 자랐다. 결국, 그 말들은 나의 무의식에 저장되면서 나의 막연한 꿈이 된 것 같다. 하지만, 나는 태어나고 자랄 때도 IMF를 지난 세대라서 부유하지도 가난하지도 않았다. 먹고 싶은 것 먹고, 필요한 것들은 살 수 있는 정도였다. 그냥 중산층에 가까운 형편이었다. 나는 지극히 평범하게 살고 싶었다. 하지만, 어릴 적부터 그 지극히 평범하고는 거리가 멀게 살았다는 것을 이제 와서 돌아보니 알 것 같다. 아버지는 나의 유년 시절에 돈을 벌기 위해 사우디아라비아로 일을 가셨다. 열심히 사시는 부모님 덕분에 초등학교를 여섯 번이나 옮겨야 했다.

두 분이 너무 사는 것이 바쁘다는 이유로 세 아이는 각자 자기 삶을 살아가는 방식을 살아가야 했다. 부모와 함께 있어도 각자 스스로 생존해야 하는 상황이었다. 내 학창 시절의 등교는 나 자신이 늘 엄마였다. 나는 누군가 나를 깨워서 학교에 가라고 한 적이 없다. 신기하게도 어린 나는 '개근상' 받아보는 것이 가장 큰 소원이었던 것 같다. 하지만, 초등학교 때는 잦은 이사로 받지 못했다. 그러나 중고등학교 때는 놓치지 않았다. 그때부터 몸에 밴 나의 새벽 기상들은 나의 인생에서 습관이 되어 있었다. 덕분에 각종 수련이나 수행에선 새벽 시간을 이기는 것이 가장 큰 장점으로 작용했다. 하지만, 변하지 않을 거라 생각했던 나의 새벽 기상들은 어느 날 나의 삶에서 존재하지 않기 시작했다. 돌아보면 매번 인생 열차 롤러코스터를 탈 때마다 나의 삶은 극과 극으로 나뉘었다. 감사와 사랑을 할 때와 그렇지 않을 때가 너무 선명하게 차이가 났다.

2013년 가을 어느 날, 론다 번의 『시크릿』을 읽고, 끌어당김을 연습했던 첫 해이다.

월러스 워틀스(1860~1911년)는 "감사하면 온 마음이 우주의 창조적 에너지와 조화를 이루게 된다. 이 사실이 낯설게 느껴진다면, 잘 생각해보라. 그것이 참이라는 점을 알게 될 것이다."라고 말한다. 실험정신이 투철했던 나는 무조건 따라 해보았다. 아침에 눈 뜨면서 잠들 때까지 '감사합니다.'를 외치면서 다녔다. 세상 다 가진 사람처럼, '나는 무엇이든지 잘될 거야.'라는 확신을 가지면서 했다. 그때 나에게 주어진 환경은 무보증 월 10만 원의 원룸에서 마트 캐셔 일을 하면서 겨우 살아가고 있을 때였다.

새 직장을 구하려고 교차로를 보다가 경리 구인 광고를 보고 이력서를 내러 갔다.

채용 담당자가 없어서 나는 그냥 돌아왔다. 나중에 연락을 준다고 해서 나는 다음 날 아이들을 보러 지방을 가고 있었다. 가는 도중 지하철에서 면접을 다시 보러 오라는 전화연락을 받았다. 하지만, 바로 갈 수 없는 상황이라 사정 이야기를 했다. 나의 감사가 기적을 일으키는 순간은 지금부터이다. 얼굴도 보지 않고 면접을 보게 되었고 목소리가 너무 상냥하고 긍정적이라 바로 출근하라는 얘기였다. 전화를 끊고 나는 『시크릿』에서 말하는 '감정을 넣어서 감사하라는 것'을 몸소 실천하면서 "아! 정말 되는 방법이구나!"라는 사실을 알게 되었다.

그렇게 시작된 감사의 기적은 연이어 이어졌다. 회사에 출근하면서 어느 정도 업무를 익히고 자리를 잡아갈 즈음 원룸에서 회사 근처 투룸으로 이사하게 되었다. 어찌나 기뻤던지 그때의 그 기분은 이루 말할 수 없다. 그렇게 1년이 넘어가니 회사가 다른 곳으로 이전을 하게 되었다. 이전한 곳으로 출퇴근을 하기엔 차를 두 번 정도 갈아타야 했다. 추운 겨울이라 새벽에 나가면 추위가 엄청 심했다. 그런 내가 안쓰러웠는지 회사에선 이전 후 한 달 남짓 지나자 중고차를 사주었다. 급여도 그때 당시 250만 원 정도 받게 되었다. 내겐 정말 큰돈이었다. 마트 캐셔로 전전긍긍했던 내가 한순간에 생활의 편리함을 누리게 된 것이 지금도 그때의 기적이다.

3년을 근무하면서 빈털터리에서 조금씩 균형이 잡혔다. 일상의 큰 변화 없이 조용하게 잘 지내고 있었다. 그렇게 감사를 통해서 많은 것을 누리고 행복했다. 하지만, 평생에 하나뿐인 엄마를 보낼 수밖에 없는 가슴 아픈 일도 있었다. 지금도 나는 그때를 떠올려보면 내가 감사를 실천하지 않고 있었다면 나는 어떻게 그 슬픔을 이겨냈을까 싶다. 나의 감사는 물질적인 것도 균형을 잡아주었지만 내 마음의 평화도 선물로 선사했다.

우리의 행불행은 동전의 양면과 같다. 여기서 주의해야 할 것이 있다. 어떠한 경우라도 감사를 멈추지 말아야 한다는 것이다. 잠시 멈추는 건 괜찮다. 하지만, 완전히 놓아버린다면 우린 예기치 못하는 상황을 삶에서 경험하게 된다. 기쁠 때는 한없이 기쁘다가 슬플 때는 한없이 슬퍼하다 보면 잠깐의 기쁨은 슬픔의 무게에 지고 만다. 그래서 그런 슬픈 감정들을 잘 정화하고 내려놓는 훈련이 되어 있어야 한다. 그렇다면 슬픔에서 기쁨으로 갈아타기 쉬울 것이다. 이쪽저쪽 치우치지 않은 상태를 불교에서는 '중도'라고 한다. 나도 여러 번 놓아버렸기 때문에 쉽지는 않다. 흔들리는 상황에서 마음을 평화롭게 하는 도구로 감사만 한 것이 없다.

지금의 나는 삶의 모든 경험에는 배울 게 있고 모든 것은 성장을 위해 존재한다는 사실을 깨닫게 되었다. 매일 새벽 일어나 명상을 했고, 자연과 노는 것을 좋아했고, 감사를 달고 살았던 결과물들이었다. 새벽에 감사하기는 내게 정말로 대단한 결과를 가져다준 훈련이다. 나는 아무도 방해받지 않는 새벽 시간을 좋아한다. 모두가 잠든 시간이기도 하지만 새로운 아침이 시작되는 시간이기도 하다. 삶이 내 앞에 가져다 놓아준 감사에 온 마음과 영혼으로 최선을 다하는 것이 전부다.

나의 하루가 새벽 4시 30분에 감사로 시작되는 이유이다.

04

하루 한마디로 기적을 끌어당긴다

**당신 인생의 단 한 번의 기도가
'감사합니다'라면 그것으로 충분하다.**

– 마이스터 에크하르트 –

우리가 일상에서 흔하게 사용하고 있는 말이 있다. "말이 씨가 된다. 가는 말이 고와야 오는 말이 곱다. 말 한마디로 천 냥 빚을 갚는다." 등 내가 하는 말이 내 인생을 좌우한다는 말도 흔하게 듣던 말 중 하나이다. 우울했던 시절 난 항상 이렇게 중얼거리면서 다녔다. '아! 힘들다. 아! 왜 이렇게 살지? 아! 지겨워. 사는 것이 별거냐! 그냥 살면 되지! 사람 다 똑같아!' 정말 내가 매일 이런 말들을 하고 살았으니 내 인생은 힘들었고, 꿈도 희망도 없이 그냥 세월만 지났다. 그런 생각들을 꾸준히 하다보니 사람 보는 지혜도 부족했다.

내 마음 같을 거라 쉽게 믿어서 결국 사기를 당하기도 했다. 나이 50이 넘어 웹 3.0 시대에 맞추어 도전하게 되었다. 강한 열정을 갖게 하는 원동력은 무엇이었을까? 바로 감사이다. '감사'라는 한마디가 내가 원하는 것을 내 삶에 끌어오는 기적이 되었다.

자기의 삶을 어떻게 생각하는가? '난 충분히 잘 살고 있다.' 또는 '내 삶은 변화가 필요하다.'라고 생각하는가? 전자인 사람에겐 '감사'라는 말이 식상할 수 있다. 하지만, 후자라면 하루의 시작을 "감사합니다."로 시작해보라. 아무리 강조해도 부족하지 않을 삶의 기적이 생긴다.

기적이란 '상식으로는 생각할 수 없는 기이한 일'의 사전적 의미가 있다. 나에게 기적이란 내 일상에 일어나는 모든 것에 대한 것이다. 어쩌면 지극히 주관적일 수 있다. 살아 숨 쉬는 것, 내가 머물 수 있는 안식처가 있다는 것, 내가 건강한 다리로 걸을 수 있다는 것, 나와 함께하는 가족이 있다는 것, 내가 좋아하는 사람들이 있다는 것, 나의 편리함을 대신하는 자동차가 있다는 것 등 수없이 많다. 내 인생이 완전히 밑바닥이었을 때, 내 몸 하나 가누기조차 힘들었던 시절에 비하면 내게 있는 모든 것이 기적이다. 죽음의 문턱에 서서 살고 싶은 욕망에 이끌려 살려고 했던 나, 연이어 3년 동안 엄마, 할머니, 아버지를 떠나보내야 했던 나, 5억의 빚을 지고 파산해야 했던 나, 눈에 넣어도 아프지 않을 아이들과의 이별, 늘 발목 통증으로 수없이 많은 날을 항생제로 살아야 했던 나이다. 그런 나였다. 삶의 행복을 찾아보기엔 눈을 씻고 찾아봐도 없었다. 성공의 기준 또한 누구나 다른 것 같다.

지금 현재의 삶을 잘 살려면 경제적 성공이 가장 우선이 되어야 하는 것을 뒤늦게 깨달았다. 20대 후반부터 처음 마음 여행을 떠나면서 '나는 누구인가?'라는 근본적인 질문이 나를 사로잡았다. 궁극의 나를 찾는 데에 초점을 맞추다 보니 인생의 다른 영역에는 부족함이 많았다. 그 많은 수련을 통해서 깨달은 것이 있다. 현실에서의 성공은 정신적, 경제적, 사회적, 육체적, 영적 영역이 균형을 이루어야 한다는 사실을 말이다. 올해 들어 새로운 것들을 경험하고 받아들이면서 나는 나머지 부족한 부분들을 채우기로 결심했다.

삶을 완전히 바꾸어버린 하루 한마디의 기적을 끌어당겨 내가 이룬 것을 소개한다. 모든 것이 서툰 나를 새로운 변화에 도전하게 할 수 있었던 힘은 무엇이었을까? 나는 '감사합니다.'를 끊임없이 마음속으로 외치고 다닌다.

첫 번째, 모르는 사람들이 모이는 온라인상에서의 만남에 도전했다. 늘 수동적이고 조용했던 내가 30명이 넘게 모인 자리에서 스피치를 했다. 어리숙하게 발표한 단 10분이 내게는 가장 큰 경험이었다. 매일 새벽 리더들과 새벽 기상을 함께하는 ZOOM에서 매일 성장하고 있다. 첫 발표를 통해 나는 감사 챌린지를 진행할 수 있었다. 챌린지를 진행하면서 나는 더욱 성장하게 되었다. 여기서 나는 맹자 어머니의 일화가 생각이 난다. 맹자를 가르치기 위해 계속 이사를 하면서 환경을 바꾸어준 것처럼 우리에겐 환경이 중요하다. 자리가 사람을 만든다는 얘기도 있지 않은가! 내게 감사 챌린지는 나를 드러내는 좋은 기회였다. 아직도 꾸준히 성장하고 있다.

두 번째는 5km 달리기에 도전한 것이었다. 블로그와 인스타를 조금씩 시작하면서 얻는 정보도 다양했다. 젊은 사람들 속에서 SNS를 따라 간다는 것은 쉽지 않았다. 함께하는 카페에서 선한 영향력으로 재능 기부를 해주신 리더분들 덕분에 새로운 것들을 하나하나 배워가며 인스타 피드를 꾸미고 블로그에 글도 남겨보고 자꾸 흔적들을 남기게 되었다. 그러다 보니 캘리 최 회장님의 100일 운동 프로그램이 있어 참여하게 되었다. 운이 참 좋았다.

50일 기념 이벤트 5km 달리기에 참여하게 되었다. 나는 평생 달리기는 해본 적이 없다. 있다면 학창 시절 체력장 시험 100미터 달리기가 전부였다. 나의 한계를 넘는 것에 나는 도전했고 1등으로 완주했다. 내 나이 올해 51세이다. 나에게 그런 열정과 용기가 있었던 것이 대단하다. 나이가 들어서 못하는 것이 아니고 도전하지 않기 때문에 못하는 것이다.

세 번째는 책 쓰기에 도전한 것이다. 내게 '감사합니다.'는 무슨 일이든 가능하게 하는 힘이 있다. 나에게 이런 행운이 있게 될 줄은 꿈에도 몰랐다. 이것이 기적이 아니면 무엇일까? 내가 말하는 기적은 지극히 평범하다. 엄청난 부를 이루어 성공을 이룬 사람이 많기 때문이다. 하지만 나는 평범한 사람들의 일상에 소소하고 작은 기적을 선사하고 싶다. '이 정도면 나도 해볼 수 있겠다.'라는 동기 부여를 주어 일단 시작해볼 수 있게 희망을 주고 싶다. 아주 사소한 것을 기적으로 받아들이기 시작한다면 반드시 내 삶은 '지니의 요술램프'와 같이 요술을 부릴 테니 말이다.

다음은 한마디의 말이 큰 힘을 발휘하고 인생을 바꾼 예화를 소개한다.

첫 번째는 영국 북부 지방 어느 공원에 가면 12사도라는 이름이 붙어 있는 나무가 있다고 한다. 그런데 이상한 것은 다른 제자들의 나무는 지금까지 남아 있는데 가롯 유다란 나무는 형체도 남아 있지 않다는 것이다. 이유는 가롯 유다란 나무를 보았던 공원에 오고가던 사람들이 한결

같이 "이놈아, 넌 스승도 몰라본 놈이야." 하고 나무로 때리고 말로 저주를 했는데 얼마 후 뿌리까지 말라버렸다는 것이다. 이만큼 말의 힘이 갖는 파워는 대단하다.

두 번째는 미국의 벤 카슨은 세계 최초로 샴쌍둥이 분리 수술에 성공한 의사다. 그는 흑인 빈민가 출신의 열등생에서 세계 최고의 소아과 의사로 성공하여 오늘을 살아가는 젊은이들에게 꿈과 희망을 주고 있다. 하루는 그에게 기자가 물었다. "오늘의 당신을 만들어준 것은 무엇입니까?", "나의 어머니 쇼냐 카슨입니다. 어머니는 내가 늘 꼴찌를 하면서 흑인이라고 따돌림을 당할 때, '벤, 넌 마음만 먹으면 무엇이든 할 수 있어! 노력만 하면 할 수 있어!'라는 말을 끊임없이 들려주면서 내게 격려와 용기를 주었습니다."

이처럼 큰 인물들 뒤에는 그들을 먹여 키운 격려의 말이 있었다. 우리가 하는 말 한마디는 이렇게 격려의 말이 되어 훌륭한 사람이 될 수도 있고, 살아 있는 나무의 뿌리조차 말라 죽일 정도로 위대하다. 매일 아침 나에게 어떤 말을 들려주고 싶은가? 익히 아는 바 있는 에모투 마사루의 저서 『물은 답을 알고 있다』에서도 물의 변형을 통해 말의 중요성을 실험 결과로도 알 수 있다.

내가 매일 아침 눈을 뜨는 첫 아침을 '감사합니다.'로 시작하게 된 이유는 말이 주는 힘을 이해하고 믿었기 때문이다. 나의 소소한 일상의 기적들이지만 누군가에겐 이것조차 어려울 수도 있을 거란 생각은 한다. 하지만 시도해보길 바란다. 내가 하는 말 한마디가 나의 삶을 어디로 데려갈지 기대되지 않은가? 무수히 많은 성공자들은 일관되게 말한다. 성공하려면 행동하라고. 나 역시 같은 의견이다. 기적을 경험하고 싶다면 지금 바로 시작해보라.

매일 아침 눈을 뜨는 나에게 살아 숨 쉬는 것만으로도 '감사합니다.'라고.

나는 내가 지금 여기 존재하는 것만으로도 '기적'이다.

05

감사가 주는 기쁨

감사를 표현하면 할수록
삶 속에 더 많은 기쁨과 풍요가 넘쳐납니다.

– 『옴니 : 자기사랑으로 가는 길』 –

"안녕하세요? 오늘부터 출근하기로 한 김유니입니다." 이렇게 내 중년의 직장 생활이 시작되었다. 회사는 그리 크지 않은 LED조명회사였다. 그곳엔 나보다 몇 살 위인 김 대리님이 몇 년간 혼자 근무하고 계셨다. 나는 어릴 적부터 컴퓨터를 보는 걸 싫어했다. 휴대폰으로 무언가 하는 것도 어려워했다. 단순한 전화 통화만 겨우 했던 나다. 그런 내가 경리직으로 입사해서 일을 하려니 어땠을까? 다행히 상업고등학교를 졸업한 덕에 컴퓨터자판을 두드리는 일은 쉬웠다. 하지만 엑셀로 모든 작업을 하는 터라 정말 난감했다. 기본만 하면 된다던 업무는 시간이 지날수록 더 많은 것을 해야 했다. 내가 입사하면서 새로운 컴퓨터장부(경영박사) 프로그램을 컴퓨터에 적용하게 되었다. 아무것도 모르는 나는 당연히 대리님이 가르쳐줄 것이라 생각했다. 하지만 나의 착각이었다. 나는 컴장회사(경영박사)와 통화를 해가면서 컴퓨터 정리를 해나가게 되었다. 그러는 동안 대리님은 나에게 하나도 관심을 두지 않았다. 대리님은 늘 한결같이 자기 일만 했다. 나에게 업무를 지시한 분은 본부장님이었다.

나는 대리님 때문에 오기가 생겼다. '그래, 안 가르쳐주면 내가 늦게 남아서라도 해보자!'라고 결심했다. 퇴근 후 남아서 10시, 11시까지 네이버 검색 후 엑셀 관련 정보들을 찾았다. 서식 만드는 법, 링크 거는 법, 복사하는 방법 등을 익혔다. 그렇게 한 달 남짓 했을 때 대리님은 퇴사했다. 갑자기 퇴사하는 바람에 회사는 난감했다. 나에게 선견지명이 있었을까? 혼자 저녁마다 나머지 공부한 덕분에 회사 일처리를 문제없이 하게 되었다.

나는 유독 자존심이 센 사람 중에 한 사람이었다. 남에게 지기 싫어했고 불의를 보면 못 참는 성격이기도 했다. 초등학교 4학년 때의 일이다. 같은 반 친구 하나 때문에 단체로 벌을 서야 했다. 선생님께서 전체에게 책상 위에 올라가 무릎 꿇고 손을 들라고 하셨다. 우리는 선생님 말씀대로 따라야 했다. 나는 벌을 서면서 '왜? ○○ 때문에 우리가 벌을 서야 하나?'라는 생각을 하게 되었다. 그래서 나는 선생님께 말했다. "선생님, 왜 우리가 ○○ 때문에 벌을 서야 해요?" 선생님께서는 나에게 앞으로 나오라고 했다. 그러시더니 양손바닥을 앞으로 내놓으라 하셨다. 나는 양손바닥을 내놓았다.

선생님께서는 가는 낚시대로 나의 손바닥을 때리기 시작했다. 얼마나 때렸을까? 그 가는 낚시대로 나는 한 100대 정도 맞은 것 같다. 결국 선생님은 때리시는 것을 멈추고 들어가라고 하셨다. 그러고 나서 본인의 책상에 엎드려 한참을 우셨다. 우리 반의 단체 벌은 그렇게 끝이 났다. 선생님께서 나가셨다. 자리로 돌아온 나는 시퍼렇게 멍든 손을 쳐다보았다. 그런 내게 친구들은 안 아프냐고 물었다. (100대나 넘게 가는 낚시대로 맞았는데 안 아프면 이상하지 않은가?) 그제야 나는 참았던 눈물을 쏟아냈다. 엄청난 아픔이 있었다. 나의 손바닥은 터지기 직전까지 부어 있었다. 지금도 생각하면 '잘못했습니다.'라고 한마디만 했다면 나의 손이 그런 아픔을 겪지 않았을 것이다.

한번은 초등학교 6학년 때의 일이다. 웬만해선 나는 혼날 일을 저지르지 않는 조용한 아이었다. 언제나 혼자 있는 것을 좋아했다. 그런데 어느 날 동생이 무엇을 잘못했는지 엄마가 많이 화가 나셨다. 둘 다 부르시더니 종아리를 걷으라고 하셨다. 당연히 나를 먼저 때리셨다. 그것을 본 동생은 "엄마, 잘못했어요! 다시는 안 그럴게요!"라면서 혼나기도 전에 밖으로 도망쳐버렸다. 나는 엄마의 화가 풀려 멈출 때까지 종아리를 맞았다. 그날 저녁 엄마는 빨갛게 부어오른 나의 종아리에 약을 바르시면서 조용히 우셨다.

마지막으로 기억나는 건 고등학교를 갓 졸업 후 무역회사를 다닐 때이다. 나는 외동딸로 아빠의 사랑을 온전히 받고 자랐다. 가부장적인 아빠 덕분에 학교, 집밖에 모르는 아이로 자랐다.

새벽 5시에 출근해 저녁 12시에 귀가하는 날이 비일비재했다. 1년을 직장 생활을 한 후 서울 이모님댁에서 출퇴근하겠다고 말했다가 너무 혼이 나서 응급실에 실려간 적이 있었다. 그때도 '잘못했다.'라는 말 한마디면 모든 것이 해결되었을 텐데! 내가 잘못하지 않았거나 정당성에 어긋난 것에 대해선 인정하지 않았다. 그렇게 나는 중요하지 않은 것에 쓸데없는 고집을 부렸던 아이었다.

로마 철학자 세네카는 "견디기 힘들었던 일은 좋은 추억거리다."라고 말한다. 그런 아픔의 기억들은 내겐 소중한 추억으로 남아 있다. 지금은 두 분 모두 내 곁에 없기 때문에 더 그립고 생각난다. 어떤 힘든 기억들이 있는가? 좋은 추억이라고 생각을 바꾸어보라. 나 역시 지금은 과거의 아픈 기억들이 잊지 못할 추억으로 바뀌었다.

우리에겐 행복을 느끼게 하는 '세로토닌'이라는 호르몬이 있다. 세로토닌은 사랑의 호르몬으로 알려진 '옥시토신'의 생성을 촉진한다. 옥시토신은 스트레스 처리 능력을 높이고, 신체·정신 건강부터 사회성과 매력도, 자신감을 높이는 효과가 있다. 즉 감사를 표현하면 세로토닌이 분비돼 행복감은 증가하고 우울감은 감소할 뿐만 아니라 건강한 신체와 정신, 사회적 관계성도 높아진다.

감사할 것들을 떠올리다 보면 삶의 긍정적인 면에 초점을 맞추게 된다. 이 단순한 행동이 인간의 감정을 관장하는 기관인 변연계에서 세로토닌 생성을 높여준다. 알렉스 코브의 저서 『우울할 땐 뇌과학』에서 "세로토닌은 행복함을 느끼게 하고, 우울한 감정을 지워주는 신경전달물이다."라고 말한다. 이렇듯 감사가 가져다주는 긍정의 효과를 여러 연구와 실험 결과가 증명하고 있다. 나는 이러한 신경전달물질로 인해 우울한 어린 시절을 보냈다. 이렇게 성장한 나는 어른이 된 이후에도 스스로 옳다고 여겼던 믿음들, 내가 더 손해 본다는 피해의식 등에 사로잡혀 행복을 선택하지 못하였다.

어느 순간부터 옳고 그름에서 벗어나고 있었다.

판단의 기준들이 세상의 관념이 아닌 나의 본성의 기준들로 바뀌었다. 나는 모든 면에서 좋아지고 있었다. 감사를 시작한 후부터 나의 전화 목소리 하나로 이 회사에 채용되었다. 직장에서의 위치도 바뀌었다. 주거 환경도 달라졌으며 퇴근 후 여가생활도 누리는 삶으로 변했다. 오랫동안 연락이 끊겼던 엄마와 재회했고 친구들과의 만남도 다시 이어졌다. 인간관계, 사회적 위치, 정서적인 안정까지 누리게 되었다.

하지만 감사를 시도하고 선택하게 될 때 마음의 흔들림은 계속된다. 그 흔들림을 다스리기 위해 나는 또 다른 도구로 휴렌 박사의 저서 『호오포노포노의 비밀』을 통해 계속해서 나의 무의식을 정화했다. "미안해요. 용서해요. 고마워요. 사랑해요." 이 말들을 되뇌면서 나의 부정적 감정이 올라올 때마다 정화하고 정화했다. 그렇게 정화된 자리에 감사로 채웠다. 나의 마음이 감사로 가득 차니 나의 외부 환경은 나에게 딱 맞는 환경으로 만들어졌다. 해결하고 싶은 문제가 있는가? 바꾸고 싶은 환경이 있는가? 경제적으로 자유롭고 싶은가? 감사를 선택하고 시작해보라. 나는 감사의 기쁨을 안 순간부터 나의 마음엔 여유와 기다림이 생겼다.

나이 마흔이 넘어서 겨우 느껴보는 여유였다. 나는 시시때때로 감사를 선택했다. 끌어당김과 정화로 감사가 주는 기쁨을 더 많이 누리기 시작했다. 이것이 감사가 주는 첫 번째 기쁨을 경험하게 된 것이다.

06

마음의 근육 단련하기

감사일기는 마음 근육에 새겨지는
운동성 기억이라 할 수 있습니다.

-『한 줄의 기적, 감사일기』-

 하루 중에 어떤 생각들을 많이 하는가? 긍정과 부정 중 어느 것을 더 많이 생각하는가? 우리에겐 하루에도 셀 수 없을 정도의 생각들이 떠오른다. 보이지도 않고 잡히지도 않는 생각들이다. 그 생각 중에 90퍼센트는 일어나지 않는 일이다. 또한, 긍정과 부정이라고 규정 지은 것들이다. 어떠한 생각이 떠올랐을 때 중도를 지킬 수 있다면 내 인생에 큰 문제는 생기지 않을 것이다. 하지만 어릴 때부터 강한 부정 속에서 자란 나는 늘 부정적이고 힘들었다. 늘 습관적으로 생각했던 것이 슬픔, 우울함,

나약함, 두려움, 공포, 외로움과 같은 생각 들이었다. 누구 한 사람 나에게 "긍정적인 생각을 하며 살아야 행복한 삶을 사는 거야! 그런 부정적인 생각은 안 좋은 거야!"라고 말해준 사람이 없었다. 사람은 누구나 행복한 삶을 누리고 싶어 한다. 하지만 어떻게 해야 나의 부정적인 감정을 다스리는지 잘 모르는 경우가 많다. 나는 그 감정을 다스리는 도구로 감사일기를 쓰기 시작했다. 나의 마음의 근육을 단련하기 위해서 선택한 방법이다.

나는 나의 감정이 흔들릴 때마다 작은 메모지나 휴대폰 메모장에 나의 감정들을 적고 정화 방법을 사용해 부정 에너지들을 흘려보낼 수 있었다. 감사일기를 다시 쓰기 시작하면서 나는 감사한 일들이 점점 늘어났다. 감사하면 감사할 일들이 생긴다는 말은 내 현실에서 증명되었다. 그럼, 마음의 근육을 단련하려면 어떻게 해야 할까? 그것을 이해하려면 감정이란 무엇인지에 대한 이해가 필요할 것 같다.

감정의 어원은 '움직임을 이끌어냄'이라는 뜻을 가지고 있다.
에너지의 움직임을 이끌어내는 것이라 볼 수 있다. 감정에 따라 에너지가 소모될 수도, 충전될 수도 있다. 밝거나 어두운 에너지로 변할 수도 있음을 현대의 과학은 증명했다.

우리에겐 몸을 지탱하게 하는 여러 가지 근육이 있다. 장기마다 역할이 다른 근육들이 존재한다. 보이지 않는 마음에도 근육이 있다. 이것은 부정과 긍정이 떠올랐을 때 어떤 것을 선택해야 하는지에 대한 선택성 근육이다. 이것은 다른 말로 회복탄력성이라고도 한다. 요즘은 자기계발서가 엄청 많이 쏟아져 나오고 있다.

『종이 위에 쓰는 기적』, 『끌어당김의 법칙』, 『시크릿』, 『상상의 힘』, 『잠재의식의 힘』 등 마음을 이용해 부와 성공을 이루는 책들도 무수히 많다. 이러한 책들은 우리의 마음의 근육, 생각의 근육을 키우는 데 도움이 되는 책들이다.

우리 몸과 마음을 힘들게 하는 것은 스트레스이다. 실제로 인류 전체의 역사의 99퍼센트 정도를 우리는 맞서 싸우는 반응 중 하나로 생존해왔다. 그래서 그 두 가지 반응이 우리 몸 안에 내재되어 있다. 나는 감정을 이해한 후 제일 먼저 실천한 것은 아침저녁으로 매일 습관적으로 고마움과 감사를 생각하면서 감사일기를 적었다. 감사를 말할 때 가장 중요한 것은 감사하는 감정이 동반되는 것이 포인트다. 감사하는 마음을 많이 가질수록 심박변동률에 탄력이 붙는다. 이것은 인지적, 정서적, 사회적 회복탄력성을 키우게 된다. 곧 인성 교육의 핵심은 '감사'라고 생각한다.

알버트 아이슈타인도 직관의 힘을 강조했다. 그는 이런 말을 했다. "직관은 성스러운 선물이고 합리적 마음은 충직한 종이다. 우리는 종을 중요하게 생각하고 선물은 잊어버리는 사회를 만들었다. 뇌는 종이고 심장이 주인"이라고 말이다.

『시크릿』의 저자 론다 번은 『더 매직』을 통해 감사에 대한 실천법을 제시했다. 그만큼 감사는 우리의 삶에서 중요함을 알 수 있다.

팀 페리스는 저서 『타이탄의 도구들』에서 다음과 같은 이유로 감사일기를 쓰는 것을 습관화했다고 한다.

"첫째, 현재 처한 상황을 정확히 파악하고자 하는 데 도움을 얻기 위해서,

둘째, 그들의 표현을 직접 빌리자면 망할 놈의 하루를 잘 보낼 수 있도록 원숭이처럼 날뛰는 내 정신을 종이 위에 붙들어놓기 위해서.

아침 일기는 정신을 닦아주는 와이퍼다. 혼란한 생각들을 일기에 적어놓기만 해도, 좀 더 맑은 눈으로 하루를 마주할 수 있다.

아침 일기의 작성은 당신의 문제들을 말끔하게 해결해주지 못할 수도 있다. 다만 두개골 안에서 이리저리 튀어 다니는 총알처럼 하루 종일 머릿속을 산만하게 만들 수도 있는 문제들을 밖으로 꺼내 바라볼 수 있게 해줄 수는 있다.

몇 줄 쓰지 않아도 충분하다. 매일 아침 5분 동안 종이 위에 욕을 쓰거나 불평을 늘어놓아도 좋다. 미친 소리처럼 들릴지 모르지만 이 작은 습관 하나만으로도 당신의 삶은 나와 타이탄들이 그랬던 것처럼 분명히, 바뀐다."

내가 좋아하는 『타이탄의 도구들』이라는 책에 나오는 내용이다. 나는 이 내용을 읽고 바로 실천에 옮겼다. 스스로 책을 많이 읽는 편이지만 실행에 옮기는 것은 부족하다고 평가하기 때문에 이렇게 쉬운 것부터 바로바로 행동으로 옮기는 편이다.

앞서 아침 일기를 쓰는 2가지 이유 중 첫 번째 이유에 주목했다. 내가 좋아하는 일을 찾으려다 보니 내가 지금 처한 상황들을 인정하고 받아들여야 했다. 사람들은 잠이 안 오는 새벽에 오만 가지 생각이 떠오른다고 하지만 나는 다르다. 나는 지금은 한 번에 한 가지씩만 하는 단순함을 터득했다. 지금의 나는 한 번에 두 가지를 못한다. '감사합니다.'를 통해 뒤덮였던 나의 두뇌는 명료해졌다. 예전엔 오만 가지 생각으로 내 머리는 늘 아우성치고 있었는데 말이다.

나는 아침에 일어나 매일 습관적으로 10분 동안 고마움과 감사를 떠올리며 느낀다. 10분 동안 감사를 통해 생긴 호르몬은 몸 안에 10시간에서

12시간 정도 머문다고 한다. 그 활력 호르몬은 낮 시간 내내 영향을 미치게 된다. 또, 저녁 때 잠들기 전 10분 정도 고마움과 감사를 느낀다. 이 작은 습관 하나가 하루 동안 소모된 에너지를 충전하게 된다. 그러면 심장이 안정적으로 고르게 뛰게 되고 우리 몸 전체의 호르몬계, 면역계 신경계가 일치와 조화를 이루게 된다. 그러면서 삶의 모든 면이 균형을 이루게 되고 점점 좋아질 수밖에 없다.

무엇이든지 습관이 되면 하나의 근육이 형성되는 것은 당연하다. 예전에 나에게 감사일기는 나의 부정적인 감정을 쏟아놓은 것이었다. 지금은 감사의 꽃밭을 만드는 내 인생의 꽃길이 되어주고 있다. 나는 멍 때리기를 좋아한다. 멍 때리다 보면 잡다한 생각이 멈춘다. 그 멈춘 자리에 감사하기를 무한 반복한다. 감사는 감사인데 지금의 감사는 내 안에 행복 호르몬이 넘치는 감사가 되었다. 그와 더불어 감사일기는 나의 마음 근육을 단련시키는 훌륭한 벗이자 도구였다. 우리는 생각이라는 것을 안 하고는 살 수 없다. 하지만 선택할 수는 있다. 감사일기로 나의 감정들을 쏟아내고 그 빈자리에 '감사합니다.'를 심는 것이다. 이제 나에게는 감사가 일상이 되었다. 잠에서 깨는 그 순간에 감사를 외칠 수 있고 잠이 들 때 침대에서 감사를 속삭일 수 있는 지금 나는 행복하다. 나의 삶의 작고 큰 변화들을 객관적으로 바라보고 나의 모습을 성찰할 수 있게 되었다.

우리 옛 속담에 "세 살 버릇 여든 간다."라는 말이 있다. 그만큼 습관의 중요성을 말해주는 속담이다. 늦었다고 생각할지도 모르겠다. 하지만 지금 하지 않으면 더 늦는다. 한 번도 해보지 않았다고 해도 괜찮다. 무조건 시작하는 것만으로도 충분하다.

마음의 근육을 키우기 위해 나만의 감사일기를 써보길 추천한다. 어느 날 나에겐 변하지 않는 감사의 근육들이 나의 인생을 수놓고 있을 테니 말이다.

07

감사는 치유의 에너지이자 진동이다

만약 당신이 당신 앞에 나타나는 모든 것을
감사히 여긴다면 당신의 세계가 완전히 변할 것이다.

– 오프라 윈프리 –

나는 오랫동안 '아킬레스건염'이라고 이름 지어진 발목 통증을 앓고 있었다. 이십대에 미용업에 종사하다가 갑작스럽게 그만두게 된 이유 중 하나이다. 원인은 딱히 없었다. 발목에 염증이 쌓여 걸을 수도 없었다. 처음 발병된 시점에는 한 달 동안 병원치료를 받았다. 나의 20대 발목 통증은 이러한 치료 끝에 아무 문제없이 지나갔다.

그 후 서른 살을 갓 넘기면서 나의 발목 통증은 6개월에 한 번씩 발병되었다. 나이가 들면서 점점 발병되는 횟수는 늘어났다. 연중 행사였던 통증은 월간 행사가 되었다. 일상에서 잊을 만하면 발병이 되었다. 병원에서는 늘 같은 얘기였다. 어디를 가든 병명이 '아킬레스건염'이었다. 매번 병원에서의 긴급 처치를 반복했다. 나이가 들수록 혈관 항생제를 투여하게 되었다. 몇 년을 그렇게 항생제 투여를 하니 병원에 가는 것이 정말 힘들었다. 일반 항생제도 듣지 않아 혈관 항생제 주사를 맞아야만 했다. 내가 웅진다책을 퇴사하게 된 이유도 발목 통증이 원인이 되었다.

나는 매번 일어나는 통증으로 원인을 아무리 찾으려 해도 찾기 힘들었다. 병원에서는 언제나 "원인을 잘 모르겠습니다."라는 같은 대답이었다. 나는 마음공부를 통해 유독 발목에 반복적으로 통증이 발병되는 이유를 알게 되었다. 내 무의식에 저장된 오랜 부정적인 기억 때문이었다. 어릴 적부터 부모님의 싸움으로 인한 공포, 불안함, 두려움을 받아들인 것이다. 나 자신을 사랑하는 법을 몰랐던 무지에서 생긴 것이었다. 몸은 내 생각을 반영한다는 사실을 말이다. 지친 내 마음과 몸이 고스란히 감당하고 있었다는 사실을 말이다.

그런 부정적인 나의 정서가 발목의 염증으로 표현되었다. 나는 삶의 절반을 통증과 함께 살아야 했다. 마음공부를 시작하면서 생각이 얼마나 중요한지 알게 되었다.

내 생각이 긍정과 부정 둘 중에 어느 쪽을 선택하는가에 따라 쓸모가 없다는 사실도 알게 되었다. 다음은 부정적인 정서가 몸에 어떤 영향을 끼치는지에 관한 사례이다.

오래전 미국에서 있었던 일이다.

〈토요 리뷰〉의 노만 카슨 편집장이 난치병에 걸렸다. 그 병은 모든 관절이 약해져 몸을 움직일 수 없는 병으로 완치될 확률은 0.2%에 불과했다.

어느 날 노만 카슨은 우연히 한 건강 서적을 읽게 되었다. 그는 책을 읽으면서 충격에 빠졌다. 책에는 "부정적인 정서는 신체에 나쁜 영향을 미친다. 긍정적인 생각은 살균작용을 한다."라는 내용이 담겨 있었기 때문이다.

그는 그날부터 정서에 부정적인 영향을 줄 만한 책과 TV 프로는 전혀 보지 않았다. 비극적이거나 폭력적인 것들을 피하고 창조적이고 긍정적인 것만 골라 읽고 보았다. 그리고 누구도 자신에게 부정적이거나 비극적인 말을 하지 않도록 당부했다. 그러자 그의 병실에는 즐거운 음악이 흘렀고 희망이 가득한 책들이 쌓였다. 그의 병 역시 서서히 차도를 보였다. 1년 후 노만 카슨은 퇴원하게 되었고 그의 표정은 입원할 때보다 훨씬 밝았다.

『위대한 발견』의 저자 밥 프록터는 "모든 것은 진동하며 가만히 멈춰

서 있는 것은 아무것도 없다."라고 말한다. 같은 전자기장을 가진 두 물체는 서로 같은 주파수를 가지고 있다. 파장도 같고 성질도 서로 일치한다. 두 물체가 똑같은 속도로 공명(물체 주위를 둘러싼 전자기장)하거나 진동할 때 전기를 통하면 진동률은 바로 전달된다. 예컨대, 고요한 곳에서 종을 울릴 때 그 소리 하나만으로도 주변에 울림이 생기는 것이 바로 진동에 의한 것이다.

우리가 살고 있는 우주는 진동과 에너지로 되어 있다. 우주만물이 일체 에너지라는 사실은 이미 밝혀졌다. 20세기 양자물리학이 등장하면서 과학이 입증하고 있다. 모든 주파수는 서로 같은 주파수끼리 더 커지며 이는 더 큰 울림과 떨림으로 진동한다. 우리의 생각은 자석과 같은 힘을 가지고 있다.

끼리끼리 모인다. 유유상종이라는 말이 있다. 에너지는 같은 것끼리 모여 하나로 응집되어 활동하게 된다.

"감사하면 온 마음이 우주의 창조적 에너지와 조화를 이루게 된다. 이 사실이 낯설게 느껴진다면, 잘 생각해보라. 그것이 참이라는 점을 알게 되리라."

– 월러스 워틀스(1860~1911년)

모든 에너지는 파동이며 진동이기도 하다. 감사의 진동은 강한 힘을 지니고 있다.

에모토 마사루의 저서 『물은 답을 알고 있다』에서 저자는 "인간의 몸은 70%가 물이라는 사실이다. 인간은 세상에 태어나기 전인 수정란 단계에서 99%가 물이다. 태어날 때는 몸의 90%, 성인이 되면 70%, 죽을 때는 50% 정도가 물"이라고 한다. 또한 박사는 느낌, 음악이 물의 결정체에 미치는 영향을 직접 촬영하는 개가를 올렸다. 그는 얼음의 결정체를 여러 상황에 노출시킨 후 그 변화를 고성능 현미경으로 촬영해서 보니 결정체가 하나하나가 모두 다르다는 것을 확인하게 되었다.

에모토 박사는 물을 얼려 튜브에 담은 뒤 앞에 놓고 '사랑'과 '감사'라는 단어를 말했다. 그런 다음 동일한 조건에서 아무 말도 건네지 않은 물의 결정체와 비교해보았다. 사랑과 감사는 가장 높은 주파수를 가진 것으로 알려져 있다. 말뿐만이 아니라 글자만으로도 물의 결정에 영향을 끼치는 에너지나 파동이 생기는 것을 알 수 있었다. 다음은 우리가 모두 하나이고 생각의 창조를 전환함으로 몸의 병이 완전히 사라져 사랑과 감사의 에너지로 새롭게 인생을 살게 된 아니타 무르자니를 소개한다.

『그리고 모든 것이 변했다』의 저자 아니타 무르자니는 호지킨 림프종이라는 병을 앓고 있었다. 장기가 모두 멈췄고, 남은 시간은 기껏해야 36

시간이라는 말을 들었다. 아니타는 임사 체험을 하는 동안 우리 삶에서 일어나는 모든 일이 우리가 만들어낸 주변의 에너지에 달려 있음을 보았다. 고정된 것은 없다. 우리는 이 에너지를 어떻게 사용하는지에 따라 환경과 삶의 조건을 만들어가는 창조자다. 육체가 병드는 이유는 우리가 살고 있는 에너지 수준 때문이다. 아니타는 이렇게 말한다. "내가 몸으로 돌아가면 그 몸에는 아주 건강한 에너지가 들어갈 것이었다. 그러면 제 몸은 그 에너지 상태를 즉시 따라잡고 그 상태를 지속할 것이었다. 나는 이것이 병뿐만 아니라 무엇에든 적용된다는 점을 이해하게 되었다."라고 인터뷰에서 말했다.

아니타는 암으로 황폐해진 육체로 돌아갈 기회를 얻었다. 놀랍게도 임사 체험 4일 만에 아니타의 몸은 더 이상 암의 징후를 보이지 않았다. 무수한 암세포로 덮였던 아니타의 육체는 죽음의 문턱까지 갔다. 그리고 임사 체험 후 그녀의 암은 깨끗이 사라졌다. 아니타의 임사 체험을 통해 알 수 있었던 것은 생각으로 창조하는 에너지를 바꿈으로써 뭐든 변화시킬 수 있다는 것이다. 나는 아니타의 말에 전적으로 동의한다. 우주 만물은 에너지이자 파동이다. 우리의 생각이 사랑과 감사로 가득 찬다면 암과 같은 질병은 치유의 에너지로 전환된다. 그러면 질병은 더 이상 질병이 아니다.

나 또한 일체가 에너지임을 경험하게 된 이후 감사하기를 놓지 않았다. 내 안의 평화를 유지하는 것이 중요하다. 그 평화를 유지하기 위한 수단으로 나는 감사와 사랑을 선택했다. 나의 긍정적인 생각이 나의 삶을 좌우한다. 내 몸의 질병 또한 그 생각의 에너지 파동으로 전달된다. 처음 하는 분들은 쉽지는 않다. 오랜 연습이 필요하지만 누구나 할 수 있다. 도전하기로 마음만 먹는다면!

　나는 감사가 주는 에너지를 통해 오랫동안 나와 함께했던 내 발목 통증과 결별하게 되었다. 하지만 내 무의식에 저장되어 있는 수없이 많은 부정적인 정서들은 지금도 계속해서 정화하고 감사와 사랑으로 매일 아침에 눈을 뜨면서 잠들 때까지 생활화하고 있다.

08

감사는 부메랑이다

우리를 힘들게 하는 것은 우리에게 일어나는 일이 아니라,
그 일에 대한 우리의 생각이다.

- 에픽테토스 -

인간이 태어나면서 타고나는 것이 있다. 다름 아닌 '사주팔자'다. 사람은 누구나 타고난 자기 사주팔자대로 사는 것이라 생각한다. 자기가 원하는 대로 인생이 펼쳐지지 않을 때 흔히 쓰는 말이기도 하다. 자기가 하는 것이 뭘 해도 안 되고 되는 일이 없다고 불평하면서 사주팔자 탓을 하게 된다.

우리는 일이 안 풀리고 괴로우면 흔히 점집에 가서 물어봤다. 친구랑 몇 번 다녀보기도 했지만 인생의 답은 찾을 수 없었다. 작명소에서 이름

이 안 좋다고 해서 예명을 지어 불러보기도 했다. 수많은 사람이 자기 운명에 대해 궁금해한다.

　나는 사주 명리학 공부를 했다. 타로도 배웠다. 하지만 그것에 흥미가 없었다. 돈을 들여 배웠지만 어느 날 문득 '내가 남의 인생에 이렇다 저렇다 해줄 것이 없구나!'라는 생각을 하게 되었다. 왜냐하면 이런 것들을 배우기 훨씬 전에 나는 감사와 사랑을 알게 되었다. 결국 문제의 답은 각자의 내면에 있다는 것을 알게 되었기 때문이다. 하지만 이런 지혜를 알기 전에 나 역시 그것을 100퍼센트 믿는 사람 중에 하나였다. 지금 생각하면 웃음만 나온다.

　나의 내면 탐구를 시작하면서 내 인생에 질문을 던지게 했던 바이런 게이티의 저서 『네 가지 질문』에 소개된 질문이다.

　첫째, 그게 진실인가요?

　둘째, 당신은 그게 진실인지 확실히 알 수 있나요?

　셋째, 그 생각을 생각할 때 당신은 어떻게 반응하나요?

　넷째, 그 생각이 없다면, 당신은 누구일까요?

　이런 질문들을 통해 차츰 나는 변할 수 있었다. 나의 생각의 반응 때문에 롤러코스터 같은 삶들을 경험해야만 했던 것이다. 더 이상 과거에 매이지 않고 다가오지 않은 미래에 대해 두려워하지 않게 되었다.

바이런 게이티는 본문에서 "모든 사람은 거울에 비친 당신의 모습입니다. 당신에게 되돌아 오는 것은 당신의 생각입니다."라고 말한다. 나는 이 말들을 되뇌었고, 헬렌 슈그만의 저서『기적수업』을 공부하게 되었다.『기적수업』의 365일 워크북을 통해 세상을 보는 관점을 바꾸기 시작했다.『기적수업』은 기독교적인 용어들이 많지만 종교의 관념을 넘어서 본다면 세상을 바라볼 때 용서와 사랑, 감사를 해야 하는 궁극적인 해석이 될 것 같다.

우리말에도 "콩 심은데 콩 나고 팥 심은데 팥 난다."라는 말이 있다. 내가 심지 않은 것은 나타나지 않게 되어 있다. 자기 자신의 밭에 무엇을 심느냐에 따라 그대로 표현되는 것이 자기 삶이자 인생이 되는 것이다. 그것을 이해하면 더 이상 점집을 찾아다니지 않아도 되고 누군가에게 자기 인생에 정답을 달라고 구걸하지 않아도 된다.

과거에 어리석었던 나는 늘 남 탓을 하면서 내 인생의 답을 찾아 헤맸다. 그 헤매는 시간 동안 나의 삶의 모든 균형이 어그러져 있었다. 결국 내 생각대로 산 인생인데 세상 탓만 했던 것이다. 제일 먼저 나 자신을 용서하기 시작했다. 일그러진 생각의 조각들로 나의 삶을 창조했던 나이기에 그런 나를 온전히 있는 그대로 받아들이고 사랑하기 시작했다. 감사를 실천하면서 나는 알게 되었다. 내 생각이 부메랑이 되어 돌아온다는 사실을.

오스트레일리아 원주민이 새나 작은 짐승의 사냥, 전투, 놀이 등에 사용하던 기구가 부메랑이다. 이것으로 인해 부메랑 법칙이 생겨나게 되었다.

부메랑의 법칙은 내가 한 대로 돌아오는 것이며, 모든 일에는 인과의 법칙이 적용된다는 사실이다. 우리가 산에 가서 '야호.'라고 외치면 그 소리가 메아리쳐서 내게 들리는 것과 같은 이치이다. 다음은 『탈무드』와 발명가 에디슨의 일화를 소개해보려 한다.

어떤 랍비가 길을 가고 있는데 한 사나이가 자기 집 안의 돌을 길 밖으로 던져버리는 것을 보았다. 그래서 랍비는 "왜 그런 짓을 하시오?" 하고 물었으나 사나이는 웃기만 하였다. 20년이란 세월이 흘러서 이 사나이는 자기 땅을 다른 사람에게 팔았다. 땅을 남의 손에 넘기고 다른 고장으로 가려고 첫발을 떼는 순간 전에 자기가 버렸던 돌멩이에 걸려 넘어지고 말았다.

이것은 자기가 한 짓을 설사 잊고 있었더라도 반드시 자신에게 돌아오고 만다는 것을 가르치고 있다. 이와 비슷한 속담으로, "자기가 마실지도 모르는 우물에 돌을 던지지 말라."와 "화살을 만드는 자는 그로 인해서 죽는다."라는 말이 있다.

다음은 발명가 에디슨의 이야기다.

그는 자기의 정원을 아름답게 가꾸어놓았다. 그러던 어느 날 아침 정원에 가본 에디슨은 깜짝 놀라고 말았다. 정원이 엉망으로 변해 있었던 것이다.

밤사이에 꽃 도둑이 들어와 꽃을 따간 것까지는 좋았는데 손으로 닥치는 대로 꽃을 따서 줄기가 상한 것도 있었고 심지어 뿌리가 상한 것도 있었다. 그래서 에디슨은 집 안으로 들어가 종이를 찾아 이렇게 썼다. "꽃 도둑님, 앞으로 꽃을 꺾으실 때는 부디 가위를 이용해주시기 바랍니다." 그는 그 메모지를 가위와 함께 정원이 잘 보이는 곳에 매달아놓았다.

그러자 다음 날 이러한 회신이 적혀 있었다. "집 주인님, 매달아놓으신 가위는 잘 들지 않습니다. 부디 숫돌에 잘 갈아서 놓아주시면 고맙겠습니다." 이 얼마나 여유로운 모습인가? 속이 상했다고 가시 돋친 말을 하면 결국 그 말이 내게로 다시 돌아오는 법이다.

가령 내가 누군가에게 기분 좋은 마음으로 '선물'을 주었다고 생각해보자. 그런데 그 상대방이 그 '선물'을 거절하면 그 선물은 누구의 것이 되겠는가? 감사는 상대방에게 던져 나에게 돌아오는 부메랑같이 항상 나에게로 되돌아오는 법이다.

따라서 나는 항상 감사하는 마음을 가지도록 노력했다. 언제나 감사한 마음이 있다면 배려하게 된다. 배려하다 보면 이해하게 된다. 이해하다 보면 내가 평화로워진다. 그러다 보면 저절로 모든 일이 다 잘되게 되어 있다.

나 또한 감사를 하는 기간에는 신기하게도 술술술 잘 풀렸다. 나는 세상을 향해 더욱 친절한 사람이 되어 있었다. 누군가를 판단하는 생각조차 잊고 살기도 했다. 지금은 늘 얼굴에 미소를 띤 사람이 되어 있다.

다음은 메아리로 아들을 가르친 어머니의 일화를 소개한다.

개구쟁이 아들을 둔 어머니가 있었다. 하루는 아들이 단풍 구경을 간다며 홀로 산에 올랐다. 기분이 좋아진 아이는 앞산을 향해 "야!" 하고 소리를 질렀다. 그랬더니 앞산에서 역시 "야!" 하고 소리가 들려왔다. 그러자 아이는 그 쪽에 사람이 있는가 싶어 "너는 누구니?"라고 물었는데 역시 같은 소리가 들려왔다. 아이는 화가 났다. 그 누군가가 대답을 하지 않고 자기 흉내만 내고 있기 때문이었다. 그러려니다. 그러면서 서서히 풀려나가기 시작했다. 이번에는 "야, 이놈아!" 하자 역시 그대로 돌아왔다.

머리끝까지 화가 치민 아이는 한참동안 욕을 퍼부어 대다가 기진맥진해 울면서 집으로 돌아왔다. 지혜로운 어머니는 그러한 아들의 사정 얘기를 다 듣고는 이렇게 말했다. "애야, 다시한번 산에 올라가서 그 쪽을 향해 칭찬을 해보렴."

이튿날 아이는 또 산에 올랐다. 이번에는 "야, 잘 있었니?"라고 하자 그쪽에서도 "야, 잘 있었니?" 했고 "우리 친구하자."라고 하니 역시 같은 말이 들려왔다. 아이는 기분이 좋아져 내려왔다. 어머니는 메아리를 통해 아이를 교육시킨 것이다. 우리 속담에도 "가는 말이 고우면 오는 말도 곱다."라고 했다. 심은 대로 거두는 게 진리이다.

나에게 감사는 원주민의 부메랑 법칙을 이해하게 해주었다. 우리 삶에 각자 원하는 것이 있을 때 무엇이 좋은지 검색해서 찾아본다. 방법은 무수히 많다. 옛날과 다르게 지금은 우리가 알고자 하면 네이버나 구글에서 검색하면 금방 알 수 있다.

나는 지극히 평범했던 사람 중 하나다. 나의 삶은 감사를 하는 것이 기적일 뿐이다. 삶의 다양한 경험으로 지혜가 생겼고 그 지혜를 나의 아이들에게 몇 년에 걸쳐 심어주고 있다. 나는 아이들이 자기 삶의 주인공이 되는 방법을 제시해주고 있다. 사람은 지성의 동물이기 때문에 강제성을 띠면 튕겨나가기 마련이다. 아이는 부모의 기다림 속에서 크는 것 같다.

2장

감사할수록 행복해지는 마법의 주문

나의 하루는 새벽 4시 30분에 감사로 시작된다

감사할수록 행복해지는 마법의 주문

우리가 찾아낸 수많은 감사는
우리의 삶을 경이로운 마법의 세계로 이끈다.

- 『감사의 힘』 -

알라딘의 요술램프! 내 소원을 들어주는 지니! 한 번쯤은 들어본 디즈니의 만화 제목과 주인공이다. 아이들에게 꿈과 희망을 심어주는 만화로 유명하다. 어른인 나도 디즈니 만화를 무척 좋아한다. 디즈니에서 제작한 만화 속 대사에서 전달되는 메세지를 통해 영감을 얻기도 한다.

만화들을 보면서 '현실에서 정말 이루어질까? 정말 가능할까?'라고 생각해보진 않았는가? 내가 마음공부를 시작하기 전에는 그냥 이야기라고

만 생각했다. 자라나는 아이들에게 어릴 때 소중한 꿈을 키워주는 것이라고만 생각했던 것이다. 나의 내면 공부를 시작한 이후 디즈니의 만화는 어른에게도 깨달음을 주는 만화라는 사실을 알게 되었다.

엄마라면 누구나 아이들에게 동화책을 읽어준 추억 하나쯤은 있을 것 같다. 내가 만화를 다른 시각으로 보게 된 계기가 있었다. 상상력을 키우기 위해 어릴 때부터 동화책을 많이 읽어준 것이다. 아이들 덕분에 나도 동화책과 연령대에 맞는 책들을 보게 되었다.

웅진다책 영업사원으로 활동할 때 버는 만큼 씀씀이도 있었다. 영업을 하는 분들은 피해 갈 수 없는 내돈 내산! 1년 8개월을 활동하면서 집에는 웅진다책으로 한쪽 벽들을 장식했다. 책을 좋아하는 아이로 키우고 싶었다. 그 이면에는 내가 어릴 때 책을 많이 읽지 못한 아쉬움도 숨어 있었다. 지금도 나는 책 사기를 좋아한다. 요즘은 리디북스, 밀리의 서재 등 다양한 이북이 나왔지만 나는 종이책이 좋다. 신간이 출간될 때, 개월 수가 변할 때, 중고등학교 때까지 볼 수 있는 책들을 전집으로 샀다. 무려 천만 원 정도였다.

책만 있다고 아이들이 책을 좋아하는 것이 아니다. 함께 놀아주고 읽어줄 부모의 역할이 있어야 한다. 생활비를 벌고 영업의 스킬들을 배우느라 나는 늦게 들어갔다. 집에 365일 있는 아이들 아빠는 교육에 관심이 없었다. 결국 그 많은 값을 치른 책들은 고스란히 진열품이 되어 있었다. 아이들이 무엇을 좋아하는지! 무엇에 관심이 있는지! 나는 잘 모른다. 내가 엄마이긴 하지만 떨어져 산 시간들이 있기 때문이다.

아이들에 대한 나의 죄책감이나 미안함이 나를 엄습해서 3년이란 시간동안 나는 무척 많이 아팠다. 그 과정 속에서 본격적으로 나를 찾아 떠나는 내면의 여행을 시작했다. 그 도구로 나는 불교 수행을 택했다. 우연한 기회에 불교 수행자가 되었다. 자의든 타의든 난 출가를 했었고 승려의 길을 걷기도 했다.

불교는 자기 자신을 찾아가는 여행이다. 참선, 명상, 절 수련 등은 수련의 도구이다. 나는 절을 참 잘한다. 내가 생각해도 한 번도 해보지 않은 절인데도 천 배, 3천 배를 거뜬하게 하는 걸 보면 이상하다. 그 절 수련을 통해서 참자아를 발견했다. 무아지경의 세계를 맛볼 수 있는 좋은 수련법이다.

나는 불교에서 많이 알려진 절 수련을 배운 것이 아니다. 단학을 통해 절 수련을 배웠다. 절 수련은 나의 육체적 한계를 넘어 에고 의식에서 벗어나 참자아로 들어가는 도구이다.

성철 스님이 생전에 자기를 대면하고자 하는 이에게 제일 먼저 시킨 것이 '절'이다.

절은 스스로를 낮추는 훌륭한 운동법이다. 절을 하다 보면 하심이 저절로 된다. 더욱 겸손하게 되어 무엇이든지 수용하게 된다. 어느새 자비의 마음이 우러나오게 된다. 건강도 좋아지지만 무엇보다 마음씨가 달라지기 시작한다.

우리는 마음의 법칙을 너무 잘 알고 있다. '일체유심조'라는 말이 있듯이 '마음먹은 대로 된다.'라는 말을 많이 사용하고 있다. 상상의 법칙이나 확언도 이와 같다. 하나의 마음으로 세상을 창조할 수 있다는 것은 이제 너무 쉬운 개념이다. 거기에 지금 '감사'를 한다는 것으로 인생의 마법이 시작되었다.

돌아보면 어린 시절 순수했던 때가 있었다. 아이들이 그런 것처럼. 천진난만 했던 나의 어린 시절을 떠올려보면 우리도 그러했다. 어른이 되어 순수하고 단순함을 유지할 수 있다면 그는 행운아다. 자연이 주는 축복을 누리는 자이기도 하다.

자기만의 마법 주문이 있는가? 내 인생의 마법 주문은 '감사합니다'이다.

'감사'를 알고 나서 내 인생은 달라지기 시작했다. 인간관계, 돈, 건강, 행복, 관계, 가정 등 내 삶의 중요한 영역이 균형을 맞추기 시작했다. 한

번에 균형이 맞추어진 것은 아니다.

아주 조금 실천했을 때는 사소한 일들만 변화가 생겼다. 가장 간단한 것은 '감사합니다'를 외치면서 기분 좋은 상상을 한다. 예를 들어 내가 가는 곳마다 주차를 쉽게 한다. 또는 나는 오늘 딸기를 먹고 싶다고 말하면 바로 현실에서 경험한다. '감사합니다'는 현재 어떤 상황이든 관계없이 적용된다.

'감사합니다'는 신비한 힘이 있다. 나에게 어려움이 있을 때에도 어김없이 나에게 선물을 주었다. 내게 피할 길을 안내해주고 내가 알아야 할 지혜를 준다. 내게 도움이 필요할 땐 언제든 도움의 손길이 온다. 나는 내 상황이 무척이나 안 좋은 상태였다는 것을 계속해서 말했다. 그 상황 속에서 벗어난다는 것은 나의 힘으론 불가능한 일들이다.

정말 신기하게도 때에 맞추어 어떤 방법으로든 돈이 생겼다. 또 너무나 쉽게 매매도 가능했다. 우리가 알고 있는 상상의 힘, 잠재의식의 힘을 이용할 때 빼놓지 않는 것이 바로 '감사하는 마음'이다.

감사하는 마음은 오랜 문헌에도 많이 수록되어 있다. 전 세계적으로 퍼져 있는 불교, 그리스도교, 이슬람교, 유대교 등 주요 종교의 중심에도 모두 감사하는 마음과 사랑, 자비, 연민에 대한 마음의 내용이 담겨 있다.

다음은 몇몇의 성자가 감사를 어떻게 표현했는지를 소개해본다.

무함마드는 당신이 받은 많은 것에 감사하는 마음이야말로 이 많은 것을 지속시키는 최고의 보험이라고 했다.

노자는 현재 있는 것에서 기쁨을 누리면 세상 전부가 당신 것이 될 것이라고 말했다.

크리슈나는 무엇이 주어지든 기뻐하는 마음으로 받아야 한다고 말했다.

이외에도 많은 성자들과 역사속의 유명 인물들은 삶에서 '감사'를 놓지 않았다.

과학적 발명가로 뛰어난 아인슈타인조차 하루에 100번 이상씩 다른 사람이 해놓은 작업에 대해 감사했다고 한다.

감사에 대한 과학적 근거는 무수히 많다. 다 헤아리기 어려울 뿐이다.

내 삶에 감사하는 마음이 없었던 삶은 무척 힘겨웠다. 나의 힘으로 애쓰면서 열심히 살았지만 결과는 변하지 않았다. 알다시피 두 번의 이혼과 파산, 이유 모를 육체적 통증과 더불어 신용불량자라는 이름표뿐이었다. 나는 엄마와 떨어져 살았다. 내가 그랬기 때문에 '엄마의 빈자리를 느끼게 하지 않을 거야.'라는 지론을 가지고 살았다. 하지만, 나의 의지대로 안 되는 것도 있었다. 모든 것을 포기하고 자기 사랑과 긍정적 사고 패턴을 배워나갔다.

그 배움을 통해 감사함을 알기 시작했다. 감사를 시작하면서 이 모든 것이 거짓말처럼 풀리기 시작했다. 감사를 중간에 멈추었을 때 어김없이 모든 영역은 균형을 깨기 시작했다. 그 사실을 발견한 이후부터 나는 마법의 주문처럼 늘 마음속으로 '감사합니다.'를 외친다.

감사를 하면 할수록 더 많이 행복해진다. '정말 행복해질까?'라고 의문이 생긴다면 지금부터 해보길 바란다. 더 많은 기쁨을 누리고 싶으면 더 많이 감사하면 된다. 내가 조금하면 조금 행복할 수밖에 없다. 감사에는 뉴턴의 만유인력 법칙이 숨어 있다. 같은 것끼리 끌어당기는 힘에 의해 감사하면 더 많은 감사가 끌려 오기 때문이다.

나는 그 감사함 덕분에 지금은 무척 행복한 삶을 살아가고 있다. 평생 찾지 못한 꿈을 찾았다. 작가의 삶을 하루하루 살아가는 것이 정말 행복하다. 내 인생의 꽃이 핀다고 해도 과언이 아니다.

행복이란 내 인생에서 그림자도 찾지 못했던 단어이다.
나는 어느 순간부터 내게 일어나는 모든 현상에 대해 감사를 표현한다. 감사하는 마음은 내 안에 감동을 준다. 그 감동은 언제나 나를 행복의 길로 인도하고 있다.

행복하고 싶다면 주문을 외워라! 내마법의 주문 "감사합니다."

감사해야 감사한 일이 생긴다

감사의 마음은 얼굴을 아름답게 만드는
훌륭한 끝마무리이다.

- T. 파커(목사) -

엄마가 본연의 자리로 돌아가신 후 회사도 정리해야 하는 상황이 생겼다. 한국에서 운영했던 지사를 접고 중국의 본사로 합쳐야 했던 것이다. 외국에 다녀온 것은 타 회사 다닐 때 여행 패키지로 필리핀 가본 것이 다였다. 중국어도 모르지만 중국 본사에 한인이 있었다. 사장님도 한국분이라 믿고 가기로 했다.

결정하는 데 쉽진 않았다. 그때 무슨 자신감이었는지 모른다. 나의 무한한 잠재의식을 믿었던 용기인 것 같다. 나는 혼자여서 걸릴 것이 없었다. 그때가 돈을 벌 수 있는 기회라고 여겼다. 그래서 과감히 도전했다. 몇 년만 고생하면 돈도 벌 수 있다고 생각했다. 나는 보기와는 다르게 호기심도 많고 도전정신도 투철하다. 하고자 한번 마음먹으면 기필코 해내는 집요함도 있다. 그와 반대로 내가 하기 싫은 일은 누가 뭐라 해도 안 하는 고집이 있다.

한참 나는 휴렌 박사의 저서 『호오포노포노의 비밀』, 마벨 카츠의 저서 『사랑과 평화의 길』, 헬렌 슈크만의 『기적수업』에서 소개된 정화법과 나의 평화에 대해 연습하고 삶에 적용하고 있을 때이다. 한창 감사가 내 삶에 껌딱지처럼 몸에 붙어 있을 때이기도 했다. 그렇게 3개월을 준비해 회사는 폐업을 했다. 회사에선 한국에 나올 일이 희박하다고 내가 머물고 있던 투룸도 정리하라고 했다. 하지만 왠지 나는 정리하고 싶지 않은 생각에 보류했다. 나 없는 동안 마음공부 같이하는 도반에게 가끔 들러 한 번씩 점검해달라고 했다.

함께 근무하던 본부장님과 팀장님 그리고 나 이렇게 셋이서 중국행 비행기에 몸을 실었다. 내가 도착한 곳은 중국의 광저우 공항이었다. 그곳은 세계적으로 전기제품 박람회가 열리기도 하는 유명한 곳이었다. 내가 근무하는 곳은 중국의 화려한 관광지가 아니다 보니 옛날 우리나라 1970

년대를 연상케 했다. 덥기도 덥지만 이상한 습도가 있어서 적응하기가 무척 힘들었다. 외국에 나가면 제일 불편한 것이 음식인데 나는 중국 음식에 대한 거부감이 없었다. 그나마 다행이었다.

도착 당일은 거래처 사장님도 오셨다. 저녁을 대접하기 위해 중국의 유명한 음식점을 간 곳이 '자라탕' 요리 전문점이었다. 체질적으로 육식을 싫어했던 내가 어쩔 수 없이 난생 처음이자 마지막이 된 '자라탕'을 먹어보았다. 저녁 식사를 마치고 숙소에 갔다. 아파트라고 하기엔 한국이랑 너무 달랐다. 일단 화장실부터 나를 당황하게 했다.

모든 것이 준비되었다고 하는 말만 믿고 따라 온 나는 혼란스러웠다. 나의 내면에선 왠지 모를 불안함이 끊임없이 일어나고 있었다. 함께 일하기로 했던 본부장님은 다음 날 바로 한국으로 들어가고 말았다. 타국에서 덩그라니 혼자서 있는 것이 황당했다. 그 상황에서 내가 할 수 있는 방법은 나의 내면의 소리에 귀 기울이는 것이었다. 내게 일어난 일들에 대해 정화하고 감사하고 불안해하는 나의 마음의 평화를 유지하는 방법에 집중해야 했다.

나의 업무는 중국에서 한국 대리점들을 관리하는 것이었다. 나는 체념하고 어떻게든 중국에서 생활해보려고 회사에 이것저것 요구했다. 거처할 집도 계약을 다시 했고 모든 생활필수품을 구입했다.

한 1주 정도 지났을 때부터 이상한 모습들이 포착되었다. 사무실에 이상한 사람들이 와서 하루종일 자리를 차지하고 가질 않는 것이었다. 여러 번 반복되는 가운데 나는 중국 사무실에서 일하는 여직원에게 중국의 결재 부분들을 물어볼 수밖에 없었다. 나는 자연스럽게 물었고 여직원은 내게 알려주었다.

중국돈으로 꽤 많은 돈을 부채로 안고 있었던 것을 확인하게 되었다. 순간 나는 이곳에 머물면 안 된다는 직감이 왔다. 그런데 나 혼자서는 숙소 밖에서 택시도 못 탔다. 중국 사람들 특징이 외국어를 전혀 안 한다는 사실이다.

나는 계속 생각했고 감사를 끊임없이 했다. 내 기억으론 그날이 토요일이었다. 한국에서 거래하던 Shipping 회사 사장님이 중국에 들어오셨다가 회사에 방문하셨던 것이다. 얼마나 반갑고 감사한지! 이루 말할 수 없었다.

정말 구세주가 따로 없었다. 때마침 중국 사장님은 한국 출장 중이셨다. 나는 거래처 사장님께 자초지정을 얘기했다. 내일 한국으로 돌아가신다는 말에 나는 거래처 사장님께 부탁했다. 내일 꼭 저를 데리고 가달라고! 사장님은 알겠다고 하셨고 약속시간과 장소를 정하고 헤어졌다.

나는 중국 사무실 여직원에게 사장님께 얘기해서 가불해달라고 했다.

가불을 통해 한 달 급여는 받을 수 있었다. 나는 한국에 있는 하나투어 여행사에 전화해서 티켓팅을 했다.

다음 날 거래처 사장님의 도움으로 한국에 무사히 나올 수 있었다. 한국에 돌아와 나는 회사를 상대로 퇴직금을 요구했다. 회사는 울며 겨자 먹기로 나에게 퇴직금을 줄 수밖에 없었다. 방법이야 옳지 않았지만 아마 그때 거기에 있었다면 나는 외국 고아가 되었을 것이다. 뒤늦게 전해 들은 것으론 1년 후 고의적 부도를 냈다는 소문이 들려왔다.

이것이 우연이라고 생각하는가? "감사하면 감사할 일이 생긴다."라는 것은 자명한 사실이다.

"호의는 호의를 부른다.", "주는 대로 받는다."라는 말들은 과학적인 사실을 반영한 것이다.

따라서 내가 어떤 감정을 밖으로 표출하느냐에 따라 동일한 에너지가 되돌아온다.

관계되는 사람이나 환경에 감사한 마음으로 반응하면 감사하는 현상을 경험하게 된다.

티베트의 위대한 지도자 달라이 라마는 『행복론』이란 저서에서 이렇게 말한다.

"인생의 참 목표는 행복을 추구하는 것이라고 생각한다. 이건 분명한 사실이다. 종교를 가졌든 안 가졌든, 이 종교를 믿든 저 종교를 믿든, 우리는 모두보다 나은 삶을 위해 노력한다. 따라서 나는 우리 삶의 진정한 동기는 행복해지기 위한 노력이라고 믿고 있다."

내가 감사를 시작한 이유도 정말 행복하고 싶어서였다. 뼛속까지 불행했던 나의 삶을 송두리째 변화시키려고 했다. 무엇이든지 습관이 중요하다. 감사도 꾸준히 할 때는 그 약발이 오래간다. 습관적으로 몸에 배어 자동 시스템으로 넘어가기 전까지는 의도적으로 감사하기를 해야 한다. 우리의 말에는 힘이 있다. 말 한마디로 사람을 살릴 수도 있고 죽일 수도 있다. 그만큼 말의 힘은 강력하다.

"뿌린 대로 거둔다."라는 말이 있다. 우리의 인생은 농사짓는 일이나 정원 가꾸는 일에 비유할 수 있다. 좋은 씨를 뿌리고 잘 돌보고 가꾸어야 좋은 수확물을 얻는다. 열심히 노력하면 할수록 그만큼 좋은 결과를 얻게 된다는 의미를 가지고 있다.

항상 감사한 마음을 갖기에는 쉽지 않다. 내가 덜 감사할 때가 감사가 주는 선물을 필요로 했는지 모르겠다. 감사하게 되면 내가 처한 상황을 객관적으로 바라보게 되고 바꿀 수 있다. 나는 감사 덕분에 내가 안전하지 않다는 것을 직감했고 빠르게 대처하는 지혜를 발휘할 수 있었던 것이다. 내 삶의 경험을 교훈 삼아 감사를 놓지 않으려고 지금도 연습한다.

감사를 많이 의식하고 있을 때는 모든 면에서 순조롭게 된다. 감사하는 마음을 가지다 보면 어느새 내 마음엔 따뜻한 감사의 감동이 자리 잡고 있다.

감사하면 할수록 더 많은 감사를 경험한다는 것을 직접 경험해보기를 권한다.

03

종이 위에 쓰는 감사의 기적

기록하는 것은 반드시
현실로 이루어진다.

- 헨리에트 앤 클라우저 -

　나 어릴 적에는 불주사라는 것이 있었다(비씨지 예방 주사로 주삿바늘을 알코올 불에 소독하여 접종하던 것을 빗대어 이르던 말). 우리 때는 이것이 무서움 중에 하나였다. 초등학교 때 불주사를 맞고 돌아오는 길이었다. 친구들은 부운 내 어깨를 향해 돌을 던졌다. 아마 그것이 지금 시대에서 말하는 '왕따'였던 것 같다. 돌에 맞은 어깨에서 피고름이 터졌다. 지금도 왼쪽 어깨 흉터는 크게 남아 있다. 할아버지, 할머니와 함께 살아서인지 의기소침했던 나다. 사춘기 또한 일찍 찾아왔다. 지금으로 말하면 조숙증이라고 할 수 있다. 부모님이 바쁘셔서 할머니 손에 자랐다. 나의 몸이 빠르게 성장하는 동안 누구에게 의논할 사람이 없었다.

그렇게 찾아온 나의 사춘기는 세상이 안전한 곳이 아니었다. 나의 가치관 형성은 그때부터 불안함과 두려움으로 얼룩지기 시작했다. 나는 종이 위에 나의 부정적인 생각들로 가득 채웠다. 두려움, 불안, 죽음, 괴로움, 힘듦, 외로움 등으로 채색되었다.

그렇게 채운 나의 삶이 상상이 되는가? 상상하기도 힘든 상황들이 어린 나로서는 감당하기 힘들었다. 그때, 내가 지금 이렇게 책을 쓰는 작가가 되어 있을 것이라곤 상상조차 못했던 일이다.

내 인생을 바꿔놓은 많은 일들 중에 하나는 감사를 통한 기록의 힘이다. 헨리에트 앤 클라우저의 저서 『종이 위에 쓰는 기적』을 처음 읽었을 때다. '쓰는 것만으로 정말 이루어진다고? 내가 쓰는 것만으로도 현실이 된다고?' 당신은 믿어지는가? 나는 믿기 어려웠다.

우리는 자신의 삶에서 특별한 일을 시도해본 적 없는 사람들이 무척 많다. 나도 그중 한 사람이었다. 당신이 이루고 싶은 일들이 있는가? 종이 위에 지금 당장 써보라. 종이에 쓰는 순간부터 '우연'을 가장한 '필연'이 당신의 삶에 마법같이 펼쳐진다. 당신이 마음을 담아 적은 글은 당신 삶에 기적을 가져다줄 것이다.

슈워츠의 저서『크게 생각할수록 크게 이룬다. The Magic of Thinking Big』에서 저자는 "죽기 전에 달성하고 싶은 목표를 지금 당장 적어보라."라고 말한다. 그의 목록에는 "백악관 만찬에 초대받기, 투나잇 쇼 Tonight Show에 출연하기, 교황 알현하기, 노트르담 대학의 수석 코치 되기, 올해의 코치로 선발되기, 국내 풋볼 선수권 대회에서 우승하기, 항공모함에 착륙하기, 홀인원 기록하기, 스카이다빙 해보기" 등이 포함되어 있었다. 그러나 이러한 목표들은 28세의 백수에게는 불가능해보이는 것들이었다.

그런데 놀랍게도 현재 루 홀츠의 홈페이지를 보면 그가 백악관에서 로널드 레이건(Ronald Reagan) 전 대통령과 함께 찍은 사진, 조니 칼슨(Jonny Carson, 당시 투나잇 쇼의 진행자—옮긴이 주)과 함께 웃으며 찍은 사진 등을 발견할 수 있다. 뿐만 아니라 스카이다이빙 할 때의 짜릿한 기분, 홀인원을 두 번이나 기록했을 때의 뿌듯한 감격을 적은 글도 볼 수 있다. 루 홀츠는 지금까지 1966년에 작성한 107가지 목표 가운데 103가지의 목표를 달성했다고 한다.

이 글을 읽으면서 '설마?'라는 마음으로 도전했다. 그것이 내가 할 수 있는 일 중에서 가장 쉬운 일이었다. 나는 간절한 마음에 지푸라기라도 잡는 심정으로 글로 적기 시작했다. '감사'를 시작하면서 나는 매년 새해 목표를 적었다. 무조건 적으라고 했기 때문에 나는 무작정 따라 했다. 2017년 9월, 5년 후 나의 모습을 상상하면서 적었다. 그해 내가 이루고 싶은 목록에는 내 수입에 두 배 이상 벌기, Youtube 개설하기, naver 카페 or 블로그 운영하기, 자기계발서와 동영상 보기, 50kg 체중 유지, 마음 힐러 되기, 통장 잔액 3,000만 원, 전세계약하기, 자동차 타기 등 그 외 열 가지가 더 포함되어 있다. 나는 그 당시 정말 가진 것도 없었다.

감사를 통해 안정적인 직장에 들어갔고 자동차를 타게 되었다. 회사 퇴직금으로 전세를 계약했다. 그 전세계약금이 3,000만 원이었다. 나의 기록 형태들은 달랐다. 하지만 내 기록들에 대한 응답은 나에게 주어졌다. 내가 기록할 때는 이런 것도 될까? 지금 나의 상황에선 모든 것이 불가능했던 것들도 적었다. 나는 '쓰기만 하면 마법같은 선물이 주어진다.'라는 말을 실감했다. 나는 매년 새해 첫날 나만의 노트에 나의 꿈 리스트를 습관적으로 적었다. 기록 하나만으로도 꿈이 이뤄진다는 사실을 확인했다. 약 20개 정도 적으면 80%는 항상 이루어졌다. 빠른 것은 한두 달 만에 이루어졌다. 나의 중요도에 따라 늦어지는 것도 있다.

이렇게 쉬웠어? 하지만, 우리의 마음은 의심이 많은 것이 문제다. 이런 생각이 들 것이다.

그렇다면, '왜! 사람들이 모두 꿈을 이루지 못했을까? 왜! 불행한 사람이 많을까? 왜! 가난한 사람이 많을까?' 하는 의문이 생긴다. 당연하다. 생각해보라. 부정적인 글로 끊임없이 채색 되었던 어린 시절. 그 부정적인 말들이 회색구름처럼 나의 과거를 덮어버린 시간에 대해서! 나는 나의 과거로부터 벗어나려 했다. 왜? 나만 이렇게 불행할까? TV에 나오는 부자들은 어떻게 하면 되는 걸까? 나와는 거리가 먼 얘기였다. 다만, 부러움의 대상이었을 뿐이다. 5년이 지난 지금 나도 잊고 있었던 지난 노트를 보게 되었다. 나는 놀라지 않을 수 없었다. 정말 믿기지 않았던 일이 현실로 나타난 것이다. 그때 불가능하다고 생각하면서 적은 모든 것은 이미 다 이루었다.

성공한 사람들은 모두 목표를 정하고 기록했다. 나는 흔히 '몇십 억, 몇백 억의 빚을 졌는데 몇 년이 되지 않아 다 갚았어요!' 하고 인생역전의 경험을 말한 사람들도 많다. 하지만 우리는 '그 사람이니깐 가능하지! 자기만의 강점이 있겠지!'라고 생각하고 쳐다도 보지 않는다. '지극히 평범한 내가 그럴 수 있을까?'라고 생각하면서 시도하지 않고 포기한다.

서울에서 부산까지 여행을 간다고 하자. 걸어서 갈 수도 있고, 자가용을 타고 갈 수도 있다. 아니면, KTX를 타고 갈 수도 있다. 목적지가 정해지면 가는 방법은 여러 가지이다. 목적지에 빠르게 도착하려면 어떤 것을 선택할 것인가? 나는 시간도 아낄 수 있는 KTX를 타고 갈 것이다. 기록한다는 것은 나의 목표를 적는 것이다. 그리고, 감사는 그 목표를 향해 빠르게 갈 수 있는 KTX 열차와 같다.

정말 놀랍지 않은가? 어떤가. 도전해보고 싶지 않은가? 나도 했다면 당신도 할 수 있다. 맘껏 꿈꾸고 상상하면서 감사의 기적을 경험해보라. 리처드 볼즈(Richard Bolles)는 "제발 현실에 눈을 떠!!"라는 말이 세상에서 가장 슬픈 대사라고 주장했다.

나도 처음부터 확신이 있었던 것은 아니다. 시행착오를 많이 경험했다. 열심히 하다가 어느 순간 멈추기를 수십 번, 수백 번, 수천 번 반복했다. 감사와 기록이 일상이 되기까지는 시간과 연습이 필요하다. 우리가 잘 알고 있는 원숭이의 일화를 소개한다.

1960년대에 한 과학자 무리가 일본 본토로부터 멀리 떨어진 섬에 사는 원숭이를 관찰했다.

그리고 그 원숭이들이 고구마를 먹기 전에 고구마에 붙은 모래를 물로 씻어 없앤다는 사실을 발견했다. 그런데 놀랍게도 이러한 행동을 하는 원숭이의 수가 늘어나자 다른 섬에 서식하는 원숭이도 같은 행동을 취하기 시작했다.

이것처럼 한 영역에서의 활동이 다른 영역까지 미친다는 것이다. 즉,

기록한다는 것은 내 삶에 다른 영역을 정해주는 것이다. 그러다 보면 내가 적은 글들이 나의 현실에 나타나게 되고 결과로 증명되어진다.

기록은 나의 뇌를 자극하게 되고 그 목표를 이루게 총 동원을 하게 된다. 목표를 적는 순간 내 삶의 모든 곳에서 신호를 보낸다. 내가 갈망하는 것에 관심을 갖게 되고 주의를 기울이게 된다.

현실에서는 불가능해 보이는 것이라도 괜찮다. 돈과 시간에 구애받지 않는다. 사실 돈과 시간이 문제가 되는 것은 아니다. 내가 꿈꾸고자 하는 마음만 있다면 얼마든지 가능하다.

각자가 처해 있는 상황은 모두 다르다. 나는 가진 것도 없다. 스펙도 없고, 특별한 기술도 없다. 나 자신조차 어찌할지 몰라 방황했다. 작은 행복의 실마리라도 잡고 싶었다. 이런 내가 해냈다면 당신도 할 수 있다. 종이 위에 쓰기만 한다면 감사의 기적을 경험할 것이다.

감사하면 달라지는 것들

감사를 통해서 환경이 바뀌지는 않는다. 하지만, 감사를 통해 당신이 세상을 보는
창문이 깨끗해지고, 그를 통해 세상의 색깔을 선명하게 볼 수는 있게 된다.

− 리첼 E. 구드리치 −

20대가 끝나갈 무렵 나는 단학을 배우게 되었다. 그 수련으로 나는 많
은 부분들이 변했다. 그 이후 40이 넘어 불교에 수행자로 출가를 했다.
기독교인으로 7년을 사는 동안 헌신했지만 달라지지 않았다. 교회 생활
속에서 내가 배운 것은 내 안에서 일어나는 불편함을 인내하는 것이었
다. 나의 감정은 중요하지 않았다.

중국에서 나와 실업급여를 타면서 다음 취직 준비를 했다. 실업급여가

끝나갈 무렵 나는 개인 회사에 출근하게 되었다. 철근회사였고 크게 바쁘지 않은 회사였다. 경리로 입사했지만 지극히 단순한 사무 업무였다. 전 직장에 비해 터무니없이 적은 급여로 입사했지만 개의치 않았다. 이 직장에서 나는 사장님을 통해 경제에 눈을 조금씩 눈을 뜨게 되었다. 나의 감사는 계속되었다. 내가 읽은 많은 책 속에는 내 에너지가 바뀌면 환경도 바뀐다는 말이 자주 언급되었다. 이 회사를 다니는 동안 그냥 평온했다. 회사와 집을 오가면서 귀가 후 저녁시간은 자기계발에 투자했다.

이 시기에 나는 대전에서 옥천 단독주택으로 이사를 했다. 혹 늘 혼자였다는 것을 기억하는가? 나는 어느 한 단체 속에서 활동할 때는 그 속에서 늘 빛났다. 왠지 모르게 주변에 사람들이 모였다. 하지만 그 단체에서 나오면 역시나 혼자였다. 대전에 내려온 지 10년이 넘어가지만 소통하고 왕래하는 사람이 많지 않다. '의사소통에 문제가 있는 것일까? 아니면 내가 불필요한 관계를 하지 않는 것인가?'라고 스스로 자문해본 적이 많다. 난 후자인 것 같다. 만나면 늘 똑같은 일상 얘기인 것이 내겐 말할 주제가 없었던 것이다. 내가 가정생활을 하는 것이 아니고, 아이들을 키우는 것도 아니었으니 말이다.

이혼해서 돌싱이 된 분들은 공감하는 얘기일 것 같다. 옥천 평생학습원에서 진행하는 '기천문'이라는 수련을 하게 되었다. 여기서 만난 선생님들과 함께 수련하는 것이 정말 재미있었다.

감사를 알기 전 몸은 혼자였지만 마음은 늘 분주했다. 온전히 나로 혼자였던 적이 없었다. 가족, 친구, 자식, 부모, 직장 상사 등의 생각들로 머릿속은 쉬지 않았다. 쉴 틈 없는 생각의 원리를 이해하고 명상을 시작했다. 나는 새벽에 일어나는 것이 좋다. 모두가 잠든 사이에 일어나 명상을 한다. 그 고요함을 즐기게 되었다. 교회를 다닐 때는 기도와 성경 QT를 했다. 불교 수행에 집중할 때는 불교 경전을 읽고 만트라를 외웠다. 어쩌면 종교가 있는 분들은 이런 나의 해석이 이해하기 어렵거나 불편하기도 할 것이다.

나도 한때는 내가 믿는 것이 전부라고 생각했다. 각종 수행을 통해 나는 내가 아는 것이 아무것도 없다는 사실을 인정해야 했다. 우린 태어나면서 죽을 때까지 사회의 모든 이념들 속에서 보고 듣고 자란다. 부모의 영향을 가장 많이 받을 수밖에 없다. 지금은 각자가 믿는 종교를 인정한다. 어떤 종교적 색깔을 드러내지 않기 위해 '신'이란 단어를 쓴다.

감사는 나를 더욱 부드러운 사람으로 만들었다. 나는 에크하르트 톨레의 저서 『지금 이 순간을 살아라』를 통해 매 순간 지금 여기에 머물려고 노력했다. 나의 두려움이 나를 엄습할 때마다 '지금 여기가 다.'라고 되뇌며 늘 평정을 유지하려고 연습했다. 고요함에 머물수록 나는 변화되고 있었다. 얼굴엔 늘 미소를 머금게 되었다. 미소는 더 이상 내게 연습의 대상이 되지 않았다. 과거의 나는 뾰족한 고슴도치처럼 누가 나에게 말하면 되갚아주기 일쑤였다. 상처받기 싫어서 나를 방어하려고 상처를 주었다. 나의 말 한마디가 얼마나 독이 되었는지도 모르고 말이다.

감사하면 달라지는 것들이 많다.

첫째, 내가 바라보는 관점들이 달라진다. 어리숙한 나의 앎으로 판단하지 않게 된다. 모든 것을 나에 맞추어 '이건 왜 이 모양이야, 저 사람은 왜 저래, 이건 나랑 안 맞아, 저 사람은 부모를 잘 만나서 그래, 이건 맘에 안 들어.' 등 온갖 비난과 질투에 대해 나의 생각을 멈추게 된다.

둘째, 나에게 적절한 경험들이 주어진다. 40대 정도 되면 자리 잡고 여유 있는 나이이다. 하지만 그런 통념들은 내게 해당사항이 없었다. 그 중년의 나이에 나는 세상을 향해 다시 걸음마를 시작해야 했기 때문이다. 남들에겐 아무것도 아닌 제주도 여행이 나에겐 큰 마음을 먹어야 하는 일이었다. 돈의 여유가 생겨야만 가능했던 일이다. 아이들에게조차 그런 기회도 줄 수 없었다. 어느 날 회사에서 사장님께서 직원들에게 선택권을 주셨다. 두 개조로 나뉘어 반은 필리핀, 반은 제주도 여행을 보내주신다는 것이었다. 남자가 전부이고 여자는 나 하나라서 사장님의 배려로 딸아이를 데려갈 수 있었다. 딸아이 초등 6학년이 되어서야 처음으로 비행기를 태워주었다. 그것이 아이에게 새로운 환경을 제공해주게 된 계기가 되었다.

셋째, 모든 것을 수용하고 인정하게 한다. 삶과 죽음을 바라볼 때 어떤가? 나는 사람으로서 태어나 가장 큰 고통 중에 하나가 사랑하는 사람을 떠나보내는 것이다. 부도가 나고 관계가 끝나는 것은 지극히 작은 고통이다. 나에게 3년이란 시간은 세상의 기준으로 보았을 때 잔혹했다. 엄마와 나는 서먹서먹했고 친밀감은 없었다. 하지만 귀한 자식으로 공주 대접을 해주셨다. 내가 언제든 응석을 부리면 받아주었던 유일한 내 편이었다. 딸로서 못 해준 것이 많아 미안함을 표현하지도 못한 채 엄마를 보내야 했다.

1년 후 어릴 때 엄마처럼 보살펴주신 팔순을 훨씬 넘기신 할머니를 보내야 했다. 마지막 음식을 못 넘기신 분이 내가 떠먹여주는 미음을 한 그릇 다 드시고 3일이 채 되지 않아 돌아가셨다. 그 후 1년 뒤 계신 것만으로도 든든했던 나의 울타리가 되어주었던 아버지마저 준비 없이 갑자기 돌아가셨다. 젊은 날 잦은 부부싸움으로 엄마를 힘들게 했다는 이유만으로 미워했던 아버지이다. 하지만 돌아가신 후 그래야만 했던 이유를 알게 되었다. 그때서야 나는 '아버지도 참 힘드셨겠구나! 가장 큰 멍에를 가슴에 지고 사느라 애쓰셨겠다.'라는 생각에 많이 울었다.

어떠한가? 이런 상황이 흔하다고 생각하는가? 누구라도 견디기 힘든 상황이지 않을까 싶다. 물론 경우에 따라서 다를 수 있다. 나에겐 엄청난 충격과 트라우마가 생길 만한 일이다. 최근 어디선가 한 분의 죽음으로 인해 7~8년 동안 치료 받고 위로하는 시간을 가져야 한다는 통계가 있다는 얘기를 들었다. 신앙생활 중에 힘들 때마다 되뇌던 성경 문구가 있다.

고린도전서 10장 13절
"사람이 감당할 시험밖에는 너희가 당한 것이 없나니 오직 하나님은 미쁘사 너희가 감당하지 못할 시험 당함을 허락하지 아니하시고 시험 당할 즈음에 또한 피할 길을 내사 너희로 능히 감당하게 하시느니라."

어쩌면 신은 이미 오래전부터 알고 계셨나 보다. '내가 감당할 무게를 견디기 위해 단련시킨 건 아니었을까?'라는 생각을 해본다. 내가 감당할 만한 도구로 마음공부, 수행, 감사를 통해 능히 이겨낼 수 있었다. 할아버지, 오빠, 엄마, 할머니, 아버지 모두가 사라진 이곳에 나 혼자 덩그라니 남게 되었다. 이렇게 나는 어른 고아가 되어버렸다.

온 우주의 보호막이 걷히는 듯한 허전함을 느껴본 적 있는가? 경험한 사람도 있고 아직 경험 전인 사람도 있을 것이다. 슬픔에 잠겨 있는 분이라면 마음에서 놓아드리는 연습을 해야 한다. 함께한 시간만으로도 행복했던 기억을 간직한 채 감사해야 한다. 그리고 살아계시다면 내 곁에 계신 것만으로도 행복한 일이다. 더 자주 더 많이 전화하고, 안아주고, 사랑한다고 말해주길 바란다. 아직은! 나중에는 없다!

감사하면서 가장 많이 바뀐 것은 오로지 나만 생각했던 내가 이타심을 갖게 되었다.

세상을 바라보는 시각은 다양하다. 어떤 이는 살 만한 세상, 복잡한 세상, 아름다운 세상, 머물고 싶은 세상, 내가 살아 있어서 존재하는 세상이라고 한다. 당신은 세상을 어떻게 바라보는가? 아니 어떻게 규정짓는가?

네빌 고다드는 "당신의 세상은 당신의 명령을 기다리고 있다."라고 말한다. 나의 세상은 행운과 기적으로 가득한 삶이라고 나는 규정짓는다. 감사하기 시작하면 모든 것이 아름답고 매일 새로운 세상이 펼쳐진다.

05

부정적 생각 습관 길들이기

감사는 삶에 기적과 축복을 가져온다.
사람이 얼마나 행복한가는 그의 감사의 깊이에 달려 있다.

- 존 밀러 -

한의원에 가면 진맥을 본다. 20대부터 지금까지 진맥을 보면 "몸은 20대인데 맥은 60대예요."라는 말을 평생 달고 살았다. 거기에 20대에는 심한 소화기 장애를 겪고 있었다.

사춘기가 지나서도 내 얼굴에는 좁쌀만 한 여드름이 셀 수 없을 정도로 뒤덮여 있었다. 무역회사 다니면서 회사에 오는 길목에 약국이 하나 있었다. 그 약사님은 양약보다 한방에서 나온 소화제를 늘 주었다. 그 직장을 다니는 내내 나는 그 한방 소화제를 먹을 수밖에 없었다. 비싼 화장

품도 써보고 해보았지만 소용없었다. 그 여드름은 단학을 다니면서 내 얼굴에서 사라지기 시작했다.

전에도 말했듯이 나는 심하게 우울한 사람 중에 하나였다. 남들에겐 표 나지 않는 자기감정 기복이 심한 소유자였다. 그런 사람이 어떻게 미용사가 되어 서비스업에 종사하게 되었는지 나도 신기하다. 그냥 단순히 먹고살려고 했던 것 같다.

나에겐 남들보다 특별한 재능이 하나 있었다. 신경이 너무 예민해서 듣지 않아야 하는 소리까지 들어야 하는 청각을 지녔다. 거기에 나는 한 번 보면 잊지 않는 그런 나만의 재능이 있었다. 본래 미용업을 하는 사람들은 손님을 기억해줘야 하는 기본 에티켓이 있어야 하는데 나에겐 그런 능력이 있었다. 그 덕분에 미용업에 그나마 종사하지 않았을까 싶다.

내가 직업상 사람을 많이 만나다 보니 여러 가지 경험을 하게 되었다. 사람들의 삶을 이해하게 되었다. 나이대도 다르고 직업도 다르고 성별도 다 달랐다.

그 속에서 배운 첫 번째는 '나는 나이 들어 욕심꾸러기 같은 옆집 아줌마처럼 늙지는 말자!'였다. 그때 연습한 것이 나무젓가락과 모나미 볼펜을 입에 물고 미소 짓는 것이었다. 비록 내 속에선 언제나 부정적인 감정

들이 허우적대곤 했지만 말이다. 혹시 못난이 삼형제 바비 인형을 아는
가? 옛날에 못난이 울보 얼굴을 가진 인형이 있었다. 그 인형은 하나같
이 울고 있었고 입꼬리가 아래로 내려가 있었다. 딱! 내 얼굴이 그랬다.
아마도 상상이 어려울 듯하다.

　그런 내가 지금의 미소천사가 될 수 있었던 것은 부정적인 생각을 조
율하면서부터이다. 단학을 통해 명상하는 법을 배웠다. 몸에서 반응하는
두려움을 이기는 수련을 통해서 나를 단련시켰다. 나는 여러 가지 방법
으로 부정적인 생각을 흘려보낸다.

『왓칭』의 관찰자 효과를 사용하기도 하고 EFT 기법으로 경혈 타점을
두드리면서 하기도 한다. 추가로 명상과 호오포노폰의 정화법을 사용한
다. "감사합니다."라는 말에는 몸과 마음에 쌓여 있던 부정적인 에너지를
긍정적인 에너지로 바꿔주는 엄청난 파워가 있다고 한다. 생각은 오래
가지 않는다. 실재로 연습해보면 얼마 안 걸린다. 단지 각 개인의 성향에
따라 다르긴 하다. 부정적인 생각은 내가 붙잡지 않으면 90초면 사라진
다고 많은 연구 결과에서도 나와 있다.

　우리 몸이 아픈 이유도 이런 부정적인 생각들이 쌓여 있어서 생기는
것이다. 말하자면 스트레스가 쌓이면 몸의 통증으로 나타난다. 죽을 것

같은 고통 속에 있었던 만큼 간절했다. 내가 하는 생각 다스리기 다섯 가지 방법을 소개한다.

첫 번째, 화가 나거나 내 감정이 불안해지고 부정적인 생각이 떠오를 때면 일단 심호흡을 한다. 가슴을 활짝 펴고 코로 숨을 들이쉬고 입으로 내쉬기를 5회 반복한다. 그러는 동안 천천히 내 감정들은 이완되기 시작한다. 호흡을 통해 안정이 되면 나는 '그럴 수 있지, 그럴 만한 이유가 있겠지, 그렇구나.'라는 말을 하면서 나를 달래준다.

두 번째, 산책을 하거나 걷는다. 이 방법을 선택한 이유는 스트레스 받아 귀찮고 신경 쓰기 싫어서 잠을 자거나 먹는 것으로 해결했다. 그러다 보니 부정적인 생각을 안고 잠을 자고 먹으니 신체의 다른 부분에 통증을 불러 일으켰다.

세 번째, 감사하기를 한다. 이럴 때는 딱히 이유를 달고 하는 감사가 아닌 그냥 무조건적인 감사하기이다. 그래서 나는 계수기를 사용한다. 심할 때는 미친 듯이 '감사합니다'를 3천 번은 넘게 해버린다. 더 많은 것을 정화할 때는 만 번을 해서 완전히 벗어난다. 그러다 보면 어느새 내 안에 평화가 찾아온다.

네 번째, 긍정확언을 한다. 나는 운이 좋다, 나는 날마다 조금씩 나아지고 있다, 나는 누릴 자격이 있어, 나는 행운아다, 나에게 더 좋은 것이 올 거야 등 이런 확언을 통해 나의 부정적인 생각을 길들인다.

다섯 번째, 미소를 짓는다. 웃으면 복이 온다는 말을 믿는다. 행복해서 웃는 것이 아니라 웃으면 절로 행복해진다.

다음은 생각의 집착에 대해 널리 알려진 일화를 소개해볼까 한다.

두 명의 수도승이 길을 가다가 시냇물을 건너지 못해 쩔쩔매는 여자를 보았다. 한 수도승이 여자를 번쩍 안아서 강을 건넜다. 여자를 내려준 후 두 수도승은 다시 가던 길을 걸었다. 마침내 다른 수도승이 버럭 소리를 질렀다.

"자네는 여자를 가까이하지 말아야 한다는 걸 모르나? 계율을 어겼어!" 비난을 받은 수도승은 그를 바라보면서 조용히 말했다.

"자네 말이 맞네. 하지만 나는 이미 한 시간 전에 그 여자를 내려놓았네. 자네는 아직도 그 여자를 마음에 담아두고 있는가?"

내가 가진 판단과 기준으로 인해 우리는 오류를 범한다. 부정적인 생각이 들 때 나의 선택이 긍정을 바라본다면 어떨까? 인생을 살면서 내 어깨 위의 얹어진 짐은 무거운 짐이 아니라 생각의 무게는 아닐까? 누구나 살면서 실수는 한다.

그 실수를 잊지 못하고 마음에 담아두는 것이 생각의 무게가 되진 않앉을까? 실수는 잘못된 생각의 선택으로 일어나는 것이다. 그 생각을 왜 붙들고 있는가? 우리가 흔히 "나는 솔직해서 뒤끝은 없어."라고 말하는 사람이 있다. 아마도 이런 사람들이 생각의 무게를 덜 지고 살지 않을까 생각한다.

그 누구도 나의 생각을 조종할 수 없다. 아무도 나에게 불행을 강요한 적도 없다. 나의 부정적인 생각으로 비판적이고 까다로우라고 강요한 사람도 없다. 나의 마음속에 무슨 생각을 품을지 결정하고 선택하는 자는 바로 나 자신이다. 주변 환경에서 부정적인 생각과 상황을 보았다고 해서 내가 동조할 필요는 없다. 만약 내가 동조해서 부정적인 생각만 한다면 나의 에너지와 힘을 소모시키는 것이다.

나는 마음 상태를 말하는 연습이 부족했던 사람이다. 혼자 생각하고 혼자 판단하고 내 식대로 결정지어 오해하는 경우가 많았다. 그런 오류들이 결국은 내 인생을 갉아먹었다. 오로지 내 생각의 결정권자는 신도 아니고 점집의 점사도 아니다. 모든 종교계의 성직자가 대변해주는 것이 아니다.

나는 다섯 가지 방법들을 통해 습관적으로 부정적인 생각에서 벗어나려 했다. 생각을 길들이고 습관화했다. 내 안에 평화가 깃들고 감사를 한다면 충분히 가능하다. 감사는 우리가 가진 것을 고맙게 여기는 것이다.

인생을 살면서 삶을 배우고 사랑하고 존재하는 모든 것에 고마움을 느끼

는 것이다. 나의 주변과 마음속에서 매번 일어나는 소소한 일들에 대해

감사하기를 멈추지 않는다.

관점이 바뀌면 감사가 된다

어떠한 믿음도, 관념도 갖지 말라. 믿어야 할 것이란 세상에 없다. 그렇다. '알아야' 할 건 많지만,
믿어야 할 건 없다. 믿음이란 모두 두려움, 공포에서 비롯하는 것이다.

- 오쇼 라즈니쉬 -

　행복이 무엇일까? 행복이란 것이 존재하긴 하는 걸까? 내 마음속에 가슴 한켠에 자리 잡고 있는 의문 중에 하나였다. 내 인생의 평생 숙제이기도 했다. 중학교 때 나는 키가 작은 아이었다. 매번 앞줄에 서야 했다. 우리 반 창가는 나의 놀이터였다. 쉬는 시간이면 난 창밖을 보는 것이 나의 일상이었다. 감성이 풍부한 나이이기도 했다. 무엇을 보든 신기하게 보였다. 바람에 나부끼는 나뭇잎, 태양빛을 머금은 학교 운동장, 창밖으로 보이는 나의 얼굴! 내가 지금 작가가 된 것도 어쩌면 그때 시적인 성향이

지 않았을까 하는 생각이 든다. 중2 어느 여름날, 학교 백일장이 있었다. 그 백일장에 낸 내 글이 입상을 하게 되었다. 나의 시가 채택된 것에 나는 너무 신기했다. 그때 나의 첫 백일장 입상작은 '얼굴'이라는 제목이었다. 어렴풋이 생각나는 구절 중 하나는 내 안에 또 다른 내가 있다는 내용이다. 또 고등학교 시절 일반 수필집에 '사랑은 이렇게.'라는 제목으로 실린 적이 있다. 그렇게 감성이 풍부했던 나는 사회생활과 더불어 나의 행복과는 전혀 다른 삶을 선택하고 살아왔다.

내 나이 스물일곱에 첫 번째 위기가 왔다. 그때만 해도 보통 이혼을 하면 자포자기로 사는 사람들이 많다. 특히 나의 직업이 미용사이다 보니 더욱 사회적 편견은 컸다. '여자가 미용을 배우면 팔자가 세다, 여자가 미용사면 남편이 백수다.' 등 온갖 편견을 감수해야 했다. 다행히 지금은 '미용사'라는 직업이 유망 직종에 들어가지만 말이다. 그 나이 먹도록 나는 혼자 무언가를 해본 적이 한 번도 없다. 처음 혼자가 되었을 때 두려웠고 세상의 편견이 무서웠다. 스스로도 위축되었고 누군가에게 내가 이혼한 사실을 숨겨야 했다. 무엇보다 죄책감이나 내 자신에 대한 미움이 나를 더욱 힘들게 했다. 배운 것이 미용이라 결국은 미용사로 취직을 하게 되었다. 내가 늘 혼자였다는 말을 기억하는가? 새롭게 얻은 직장이 공단에 있는 미용실이었다. 그곳은 사장님이 다른 업을 하고 있었다. 미용사만 두고 운영하는 미용실이었다. 관리만 잘 해주고 혼자 운영해 달라고 했다. 위치상 공단이라 고객층이 남자가 더 많았고 점심시간에만 손님이 있었다. 하루 10시간을 미용실에서 혼자서 보내는 것은 쉽지 않았다.

혼자 있는 무료함을 달래기 위해 십자수를 시작했다. 한 땀 한 땀 채워지면서 작품이 만들어지는 것이 너무 재미있었다. 하루 5~6시간을 자리에서 꼼짝도 하지 않고 작품을 만들어냈다. 지금 그 많은 십자수 작품들은 어디로 갔을까! 학창 시절 단짝이었던 친구에게 은박지로 접은 학 천 마리를 선물한 적도 있다. 누구나 이런 추억은 하나 잊지 않을까?

나는 어릴 때부터 내가 가지는 것보다 남에게 주는 것을 더 좋아했다. 그래서 부잣집 맏며느리가 된다는 어른들의 말들을 믿어왔는지 모르겠다. 그 믿음들이 얼마나 어리석은 선택들을 하게 되었는지도 모른 채 말이다. 잘못된 선택들은 나의 삶을 얼룩말로 만들었다. 얼마 후, 미용실 사장님을 통해 우연히 정신세계에 관련된 책들을 알게 되었다. 그 중 두 권의 책이 내 생각의 관점을 모두 뒤흔들었다.

첫 번째 책은 라마나 마하리쉬의 저서 『나는 누구인가』이다. 마하리쉬는 인간은 어떠한 목적을 위해서 이 세상에 나타나는 것이며, 그 목적은 각 개인이 자신을 행위자라고 생각하든, 생각하지 않든 달성될 것이다.

각자의 운명은 자신의 카르마(karma)에 따라 정해져 있다. "일어나지 않도록 되어 있는 일은 아무리 애를 써도 일어나지 않으며, 일어나게 되어 있는 일은 아무리 막으려 해도 막을 수 없다."라고 말한다. 이 책은 기존에 내가 알고 있던 모든 관점을 완전히 바꾸었다. 나의 존재 자체를 흔들어버렸다. 그 후 내 안에서는 기쁨과 감사가 넘쳐나고 있었다. 살면서 진정한 행복이 무엇인지! 내 자신이 무엇인지! 내가 왜 이런 힘든 상황을 겪을 수밖에 없었는지에 대한 깊은 성찰이 일어났다.

성찰이 일어난 그 자리엔 감사와 평화만이 존재했다. 나는 세상을 바라보는 관점이 달라졌다. 여태 느꼈던 지옥같은 삶이 천국이 되어버린 것이다. 나의 삶은 행복 그 자체였다.

모든 일이 순조로웠다. 나의 아픈 기억조차 감사로 바뀌게 되었다. '그 힘든 상황이 지금 내가 이 행복을 누리게 된 기회였구나!'라고 받아들이게 되었다. 내가 가지고 있던 오랜 신념이 바뀌면서 나의 관점도 바뀌게 되어 있다. '행복이 무엇일까?'라는 질문에 대한 해답은 그때 경험한 것 같다. 나는 처음으로 '행복이 이런 것이구나!'라는 것을 처음 느꼈다.

마하리쉬는 행복에 대해 다음과 같이 정의한다. "행복이란 인간 속에 내재해 있으며 결코 외부적인 원인에 의해서 생기지 않는다." 결국 행복은 밖에서 찾는 것이 아니라 나의 내부에서 발견해야 한다는 사실을 알게 되었다.

두 번째 책은 인도 철학자 오쇼 라즈니쉬의 저서 『배꼽』을 선물 받았다. 이 책을 통해 나는 나의 믿음과 관념에 대한 오류를 발견하게 된 책이다.

다음 한 이야기를 소개한다.

친구들이 모여 앉아서, 정말 버릴 수 없는 가장 본질적인 것이 무엇인가에 대하여 토의하고 있었다. 한 친구가 말했다.

"나의 어머니만은 버릴 수 없어. 어머니는 나를 낳아주셨고 내 생명은 어머니에게서 나왔다고 할 수 있거든. 다른 모든 것은 다 버릴 수 있어도 어머니만은 버릴 수 없어."

또 한 친구가 말했다.

"나는 아내를 버릴 수가 없어. 어머니나 아버지는 내가 선택하지도 않았는데 그냥 주어진 것이지만 내 아내는 내가 선택했거든. 나는 아내에게 어떤 책임감을 느끼고 있다고, 다른 사람은 다 버릴 수 있어도 내 아내만은 절대로 버릴 수 없어."

이런 식으로 그들은 이야기를 계속하고 있었다. 어떤 친구는 자기 집만은 버릴 수 없다고 했고, 또 어떤 친구는 자기 농장만은 절대로 버릴 수 없다고 말했다. 그런데 물라 나스루딘이 자기 차례가 되자 이렇게 말했다.

"나는 다른 것은 몰라도 배꼽이 없이는 살 수가 없어."

거기에 있던 친구들이 모두 이상하게 생각했다. 배꼽이라고? 친구들이 그에게 설명 좀 해보라고 하였다. 나스루딘은 이렇게 말했다.

"나는 휴일이면 침대에 편히 누워서 감자를 먹는다네."

친구들이 말했다.

"그런데 그것이 배꼽과 무슨 관계가 있는가? 감자야 누구든 먹을 수 있는 거 아닌가?"

"이해를 못 하는군. 배꼽이 없으면 소금 놓을 곳이 없어진단 말일세."

이와 같이 각자가 생각하고 있는 것들이 이렇게 다르다.

오쇼는 그대가 집착하고 있는 것이 다 이렇게 어리석은 것이다. 그대의 내면 의식 이외에는 모든 것이 다 버려질 수 있다. 그렇다고 그것을 모두 다 버리라고 말하는 것은 아니다. 그대는 이 세상에서 살아야 한다. 그러나 또 모든 것을 비운 상태에서 살아야 한다 고 말한다.

나는 이 두 권의 책을 만나기 전에는 세상이 주어진 관념으로 살았다. 누군가에 의해 의존하면서 나의 독립성과 주체성 없이 어른이 되었다. 결국 불행한 어린 시절과 이혼에 대한 사회적 편견에 대한 두려움들 때문에 스스로를 자학하면서 말이다. 나는 더욱 나를 찾았다.

진정한 나를 발견한 이후 나는 많은 것에 도전하기 시작했다. 고등학교 졸업과 동시에 땄던 운전면허증으로 운전을 시작했다. 스물일곱이 되도록 노래방 가서 노래 한 곡 못 하던 나는 노래를 연습했다. 유흥을 좋아하지는 않지만 지금은 그래도 분위기는 맞추며 살기는 한다.

우리는 살면서 내 생각이 옳다고만 주장할 때가 많다. 나는 그날 이후로 나의 생각들을 비우는 연습을 하기 시작한 시초이다. 우리 인생의 모든 분야에 적용된다고 생각한다. 나의 관점 하나가 감사의 삶을 경험하는 좋은 기회였다.

07

감사도 습관이다

감사도 연습을 통해서
당신의 내면에서 자연스럽게 키워 낼 수 있습니다.

– 『옴니 : 자기사랑으로 가는 길』 –

고등학교를 갓 졸업 후 나는 서울로 직장 생활을 했다. 우리 시절만 해도 서울로 가야 출세한다는 믿음이 있었다. 다행히 학교 선배가 있는 무역회사에 입사했다. 예나 지금이나 서울의 지하철 상황은 크게 달라지진 않았다. 유독 출퇴근과 명절 전날에는 집에 오는 것이 어려웠다. 직장 생활은 호락호락하지 않았다. 지금처럼 휴대폰으로 모든 것을 처리하는 시대는 아니었다. 초보인 내가 하는 일은 거래처 심부름이었다. 해외

수출입 무역회사라 해외로 보내는 서류도 많았다. 충무로에서 명동, 을지로 지하상가를 쉴 새 없이 다녔다. 출근한 지 한 달 남짓했을 때다. 서울 지리도 모르고 지금처럼 휴대폰이 있었던 것도 아니다. 그땐 자그마한 삐삐 하나가 연락할 수 있는 유일한 도구였다(*삐삐: 번호만 찍히는 기계). 하루는 충무로에서 한남대 근처로 버스를 타고 심부름 갔다. 보통 30~40분이면 충분히 갔다 올 수 있는 거리이다. 그런데 내가 탄 버스 앞에서부터 학생들이 데모를 하기 시작해 꼼짝없이 차에 갇히게 되었다. 서울 지리를 모르는 데다 내려서 연락을 할 수 있는 상황도 아니었다. 세 시간을 차에서 발만 동동 구르고 있었다. 학생들의 데모가 저녁이 되자 겨우 진정되었다. 회사에 도착해보니 회사에선 내가 연락이 안 되어서 실종신고까지 하고 나를 걱정하고 있었다.

어느 정도 회사생활에 적응할 때쯤, 나와 함께 일하던 선배는 결혼과 동시에 그만두었다. 그리고 그 선배를 대신해 나와는 정서가 전혀 다른 언니가 들어왔다. 그것이 나의 인생 파노라마의 시작점이다. 직속으로 있는 언니는 나에게 자기 개인 심부름을 자연스럽게 시켰다. 대학을 나왔다는 이유 하나만으로 상무님도 개의치 않았다. 나는 서서히 직장 생활에 회의를 가지게 되었다. 그래서 나는 퇴근 후 미용학원을 다니기 시작했다. 미용을 배우겠다고 생각한 이유가 있었다. 어쩌면 지금의 나의 상태를 예감했나 보다. 나는 막연히 나이 들어 혼자 살려면 기술이 필요하다고 생각했다. 하지만, 직장을 다니면서 미용을 배운다는 것은 보통 체력으론 정말 힘들었다. 나는 언니와의 갈등이 심해지자 결국 사표를 내고 고향으로 내려왔다. 그렇게 나의 첫 직장은 꽃도 피우지 못하고 시들었다.

누구나 고향에 대한 향수가 있지 않은가? 내가 살던 곳은 경기도 평택이다. 그곳은 부모님의 제2의 고향이다. 나에겐 지금도 고향이 없다. 있다면 내 마음이 고향이다. 그렇게 평택으로 내려와 나는 미용학원을 계속해서 다녔다. 6개월을 도시락까지 싸가지고 다니면서 열심히 했다. 다들 자격증 따기 어렵다던 미용사시험을 한 번에 붙었다. 첫 직장의 상처는 어느 순간 잊어버리고 나는 다시 서울 청담동에 위치한 미용실에 취직했다.

지금도 이름만 대면 알 만한 이가자 미용실이었다. 늘 혼자였던 나는 많은 사람들이 함께하는 곳에 쉽게 어울리지 못했다. 유명한 곳에서 기술을 배워 나도 잘 나가는 미용사가 되고 싶었던 꿈이 있었다. 서울 사람들의 텃세는 내성적인 나에겐 힘들었다. 얼마 되지 않아 나는 대치동에 있는 소규모 미용실로 자리를 옮겼다. 나는 미용사로 1년 반이 지날 때쯤 이유 없이 발목이 붓기 시작하면서 더 이상 미용사로 생활하기 어려웠다. 하루 10시간 이상 매일 서서 일을 해야 하는 직업이다. 그런 상황에서 마음은 미용을 계속하고 싶었지만 더 이상 할 수 없었다. 그렇게 나는 다시 평택으로 내려와야만 했다.

사람은 자기가 힘든 상황이 생길 때 2가지 유형으로 나뉜다. 전자는 그 상황을 해결하고 이겨내는 사람이고, 후자는 그 상황을 피하기 위해 다른 돌출구를 찾는 사람이다. 당신은 어느 유형에 속하는가? 나는 후자에 속하는 사람이었다. 그러니 인생이 순탄하지 못하지 않았을까! 생각한다. 비록 아파서 내려왔지만 아빠랑 한 집에서 살고 싶지는 않았다. 어릴 때는 외동딸이라 사랑을 독차지했지만, 크면서 부모님의 싸우는 모습을 너무 많이 보고 자란 터라 나는 집을 빨리 떠나고 싶었다. 그래서 계속 직장을 서울로 얻어서 집을 떠나 있었던 것이다. 그런 내 마음을 어떻게 알았는지 동네 오빠의 친구였던 그 사람은 3년 전부터 나만 따라다니던 사람이었다. 나는 그렇게 부모님이 다 반대하는 첫 번째 결혼을 하기로 결심한다. 그 결혼이 진행되는 도중에 결혼식 날짜와 상견례까지 다 마쳤을 때 우리 집은 예상치 못한 사건이 생겼다. 하나뿐인 오빠가 교통사고로 사망했다. 보통 이렇게 되면 결혼식을 미루는 것이 상식이다. 하지만 그쪽 집에선 그냥 예정대로 하자고 해서 결국 우린 그렇게 결혼식을 했다. 오빠가 죽은 슬픔도 채 가시기 전에 결혼식을 치러야 했던 부모님의 심정이 어땠을까! 지금도 돌아보면 마음 한켠이 아련하다. 부모님의 반대로 탐탁치 않은 결혼은 3년도 채 되지 않아 종지부를 찍었다.

　우리는 살면서 이런 말을 자주 하는 시기가 있다. "일이 뜻대로 풀리지 않아." "상황이 안 좋아." "되는 일이 없어." "왜 하는 일마다 안 되지." "내 인생은 왜 이 모양이야." "짜증나." "힘들어 죽겠어." "귀찮아." "당신하곤 못 살겠어." 내가 무한 반복했던 말이다. 우리는 끊임없이 내가 가지지 않은 것에 집중한다. "내가 원하는 차도 없고, 내가 바라는 집도 없네. 내가 원하는 배우자도 없고, 건강하지도 않고, 가진 것도 없다."라고 말이다.

　그런 내가 어떻게 감사를 습관처럼 하게 되었을까? 마음공부 덕분이다. 수련을 통해서든, 책을 통해서 얻은 결과다. 내게 가장 인상 깊었던 조셉 머피의 저서『잠재의식의 힘』을 읽으면서 나의 생각이 나의 삶을 만든다는 사실을 알게 되었다. 또한, 붓다(기원전 563~483년)는 "현재 우리의 모습은 과거에 우리가 했던 생각의 결과다."라고 말한다.

　책으로 만난 스승들의 말들을 떠올릴 때마나 나는 나의 생각대로 삶을 경험한다는 사실을 알게 되었다. 그때부터 나는 '감사합니다.'를 하게 되었다. 나의 지혜 부족으로 끝나버린 그때 '감사'를 알았더라면 어리석은 판단으로 모두에게 상처 주지 않았을 것이다.

나는 '감사하기'라는 멋진 연습법을 알게 되면서 내 삶에 적용했다. 이제는 매일 아침 침대에서 눈을 뜨면, 새로운 하루를 맞이했다는 사실과 함께 감사해야 할 모든 것에 감사를 느끼면서 일어난다. 밤사이 날 지탱해준 침대에 대해 "고마워."라고 말하고, 발을 내딛는 그 순간부터 발걸음 하나에도 "고마워."라고 한다. 샤워를 할 때도, 물을 마실 때도, 밥을 먹을 때도, 나의 하루의 시작부터 잠들기 직전까지 "감사합니다."를 1,000번에서 10,000번에 이르기까지 습관화하고 있다.

위대한 과학자 알베르트 아인슈타인은 시간과 공간과 중력을 바라보는 시각에 일대 혁명을 일으켰다. 당신은 그렇게 가난한 환경에서 시작한 아인슈타인이 어떻게 그 많은 일을 해냈을까 하고 생각할지도 모른다. 아인슈타인은 '비밀'을 아주 잘 알았고 날마다 수백 번씩 "고맙습니다."라고 말했다고 한다. 자기보다 앞서 길을 걸어간 위대한 과학자들에게 그 공로에 고마움을 표했고, 그래서 더 많이 배우고 성취할 수 있게 된 것이다. 결국에는 가장 위대한 과학자가 되었다. 고마움을 표현한다는 것은 감사를 표현하는 것과 같다. '감사'는 지나치다고 할 만큼 많이 해도 괜찮다.

지금 있는 것들에 감사하라. 고마운 모든 일에 대해 생각해보면 놀랍게도 감사해야 할 일들이 끊임없이 꼬리를 물고 이어질 것이다. 감사를 습관화한다면 놀라운 기적들을 경험할 것이다. 감사하기는 역사상 위대했던 모든 선구자들이 가르친 삶의 숨겨진 핵심이었다.

좋은 일을 생각하면 좋은 일이 생기고, 나쁜 일을 생각하면 나쁜 일이 생긴다. 당신의 습관적 사고가 조화롭고 건설적이면 완전한 건강과 성공과 번영을 체험하게 된다.

행복하고 싶은가? 감사를 습관화하라. 존 밀러는 말한다. "사람이 얼마나 행복한가는 그의 감사의 깊이에 달려 있다."

08

행운과 기적을 불러일으키는 감사일기

**감사를 표현하면 할수록 삶 속에
더 많은 기쁨과 풍요가 넘쳐납니다.**

– 미상 –

20대 후반 무렵 나의 관념을 뒤흔들었던 책을 선물 받고 나는 다양한 책을 만났다. 나는 학창 시절 감수성이 풍부했다. 책 읽기가 취미였고 시를 짓는 것을 즐겼다. 또한, 자연과 노는 것을 좋아했다. 그러면서 나는 감사일기를 썼던 기억이 있다. 한때 문학소녀였다. 직장 생활에 접어들기 전까지는. 새벽부터 밤늦게까지 경기도에서 서울로 출퇴근하면서 나는 지쳐갔다. 미용사로 근무하면서 열두 시간을 서서 일하면서 책과 일기는 점점 멀어져 갔다. 어릴 때 습관적으로 책을 읽고 일기를 썼다. 감성이 풍부했지만 나의 일기장은 온통 슬픔과 불행으로 얼룩져 있었다. 즐거움을 모르고 행복이 무언지 모르던 시절이었다. 나의 삶에 가장 큰 위기가 왔을 때마다 책은 내게 둘도 없는 친구가 되어주었다.

상처가 깊으면 깊을수록 대인기피증이 생기고 스스로 작아졌다. 내가 만든 감옥에 날 늘 가두었고 세상 밖으로 나오려 하지 않았다. 지금 내가 이렇게 살아 있음에 감사하게 된 것은 20대 후반에 만나게 된 책들 덕분인 것 같다. 수많은 성공자가 하나같이 빼놓지 않고 말한다. "내가 성공할 수 있었던 것은 한 분야의 책을 100권 이상을 읽은 덕분입니다."

나도 내가 읽은 책을 보면 100권은 넘는 것 같은데 한 분야만 본 것이 아니어서 미흡했나 보다. 아직 성공이라고 내세울 만한 것은 나타나지 않았으니 말이다.

삶에선 조화롭고 균형 잡힌 것이 중요하다. 20년 전 나의 공부는 마음과 영성, 건강에만 중심을 두고 있었다. 지금은 나머지 경제와 사회적 부분에 균형을 맞추려고 공중이다. 이 노력 역시 스무 살 후반 무렵 만난 책들 덕분이다. 어쩌면 지금 내가 이렇게 글을 쓰는 작가가 된 것이 내 삶의 큰 행운이고 기적이다. 단학을 통해 긍정 에너지로 내가 할 수 없는 일에 도전하면서부터 '즐거움이 나에게도 있구나!'라고 생각하면서 한때 만끽했던 것 같다. 수련은 수련대로 하고 읽어야 할 책들도 있어서 꾸준히 책을 보았다.

2002년 두 번째 결혼과 동시에 내가 즐겨 쓰던 일기를 다시 쓰기 시작했다. 이때가 서른 살 즈음인 것 같다. 내가 살던 집 근처 뒤쪽에 등산로가 있었다. 아침마다 산행을 했다. 어느 날 멀리 들리는 풍경소리가 궁금하기 시작했다. 그 소리를 따라 내려가다 보니 작은 암자가 하나 있었다. 땀을 흘린 후 잠시 멈춰 서서 듣는 풍경소리는 편안함을 느끼게 해주었다. 그때까지 난 절에는 단 한 번도 가본 적은 없었다. 요즘 젊은 사람들은 결혼과 동시에 아이를 낳지 않으려 한다. 아이보다는 서로를 알아가고 즐기는 시대인 것 같다. 고령화 시대의 가장 큰 문제점이기도 하다. 나는 결혼과 동시에 아이를 빨리 낳아야 하는 부담이 없지 않아 있었다. 아이 아빠의 늦은 결혼이었고 장남이라는 이유였다. 아이 낳는 것이 우선이 되었다. 그래서 그 풍경소리에 이끌려 갔던 절 앞마당을 지나오면서 마음으로 염원했다. 그런 작은 행위가 훗날 내가 수행의 여정을 떠나기 위한 작은 불씨가 될지 누가 알았을까! 그것을 시초로 나는 근처의 절들을 다니면서 아이가 생기길 기도했던 것 같다. 그러기를 두어 달 지났을까 아이가 생겼다.

늦은 나이에 생긴 아이라 더 소중했던 것 같다. 그렇게 나는 아이를 가짐으로 인해 육아일기를 쓰기 시작했다. 매주 매달 자라는 아이의 초음파 사진을 보면서 기록하고 감사를 했던 것 같다. 비록 삶이 내 뜻대로 흐르지 않아 힘든 일을 경험해야 했지만 아이를 선물로 받은 것에 대해선 한없이 기뻤다. 책 하나 살 돈조차 없는 상황이었다. 하지만 나는 아이의 태교가 아이 인생에 가장 중요하다고 생각했다. 그래서 나는 부업을 해서라도 몬테소리 그림책 전집을 사서 배 속의 아이에게 읽어주었다. 뜨개질을 하면서 최대한 손을 많이 사용해서 태교에 힘썼다. 그렇게 10달간 써내려간 나의 일기장엔 온통 아이와의 대화가 글로 적혀 있었다. 외부적인 상황은 내가 감사할 것들은 많지 않았지만 아이를 가진 즐거움으로 일기를 꾸준히 썼던 것 같다.

아이를 낳을 때쯤 윗집에 있는 아기 엄마가 나를 전도했다. 그분의 선함 때문에 저분이 믿는 하나님이라면 나도 믿어도 되겠다 싶었다. 그렇게 말씀을 듣고 '구원'이라는 것을 받았다는 기쁨 속에 아이를 출산했다. 사내아이이고 건강한 아이였다. 그렇게 원했던 아이를 얻은 기쁨과 감사는 서서히 자취를 감추기 시작했다. 아이는 나를 4년간 잠을 잘 수 없게 온전히 자기만을 봐 달라는 신호로 잦은 병치레와 손에서 내려놓으면 잠에서 깼다. 나는 그런 아이를 매일 업어서 재워야 했다. 병원을 내 집처럼 드나들었다. 이불을 산더미같이 쌓아놓고 앉아서 잠자기를 반복했다. 그러니 아무리 감사일기를 쓰고 싶어도 감사한 마음을 가지려 해도 모든 상황이 그것에서 멀어지게 했다. 사람은 그럼에도 불구하고 감사하고 감사일기를 써야 한다는 사실을 알지만 행동하기가 싫지 않다. 결국 모든 것을 잃고 나서야 실천하게 된다. 감사일기를 통해 감사를 습관화한 것으로 오프라 윈프리가 유명하다. 미국에서 가장 영향력 있는 토크쇼 진행자인 그녀는 다음과 같이 감사를 강조한다.

"당신이 무엇의 확장을 추구한다면, 그리고 인생의 행복을 추구한다면 당신은 바라던 것보다 더 큰 것을 이뤄낼 수 있다. 내 인생에서 어떤 일이 일어나든 감사하는 법을 배웠을 때 기회, 사람들과의 관계, 심지어 부까지도 내게로 다가왔다."

오프라 윈프리는 자신의 성공 비결로 감사일기를 꼽았다. 지독히 가난한 미혼모에서 태어나 외할머니 손에서 자란 그녀는 삼촌에게 성폭행을 당했고, 14세에 미혼모가 되었다. 아이가 태어난 지 2주 만에 죽자 그 충격으로 가출한 그녀는 마약을 복용하며 지옥 같은 삶을 살았다. 살려는 의지가 전혀 없었던 그녀는 『성경』을 읽으며 인생의 소중함을 깨닫게 되었고, 감사일기를 통해 인생을 변화시켰다.

오프라 윈프리는 감사일기를 통해 다음의 중요한 사실 2가지를 배웠다고 말한다.

인생에서 소중한 것은 무엇인가?

어디에 삶의 초점을 맞추고 살아야 하는가?

오프라 윈프리가 자기 인생을 통해 배운 것을 읽은 후 나도 나에게 질문을 자주 던지곤 했다.

그러면서 인생에서 가장 소중한 것을 더욱 소중하게 여기게 되었고 삶의 초점을 맞추고 살아왔다.

4년 넘게 잠을 못 자게 하고 잔병치레로 병원을 내 집처럼 드나들게 했던 그 아이는 지금 성인이 되었다. 마음공부를 하게 했던 그 아이는 내게 큰 스승이 되었다. 나는 아이의 유년 시절을 함께해주지 못했지만 그 시간 동안 치열하게 나 자신을 찾는 데 몰입했다. 이리저리 쓰러졌다 다시 중심을 잡는 오뚝이처럼 말이다. 어쩌면 그런 아픈 환경들이 내게 없었다면 지금의 나는 존재하지 않았을 것이다. 마음공부를 통해 감사를 몰랐다면 나도 여느 엄마들과 다르지 않았을 것이다. 내 기준에 맞추어 아이를 올곧은 소나무가 아닌 분재의 소나무로 키웠을 것이다. 지금은 과거의 모든 상황들이 감사하다. 아이들을 온전히 바라봐줄 수 있었고 기다려줄 수 있었다. 사춘기를 지날 때도 아이 입장에서 생각할 여유가 있었다. 그 결과 지금은 그 아이도 생활 속에서 감사를 찾기 시작했고 감사일기를 쓰기 시작했다. 그리고 자기가 좋아하는 것을 찾아 꿈을 향해 나아가고 있다. 남자아이가 미용사가 되겠다고 했을 때 믿음으로 밀어줄 수 있었던 것은 그 아이의 선택을 존중해주었기 때문이다.

감사하는 마음이 나를 행복하게 하고 기쁘고 건강하게 만든다는 것은 누구나 경험과 이론을 통해 알려져 있다. 하지만 감사를 실천한다는 것은 여전히 쉽지 않다. 감사에 대한 책들은 많다. 감사하는 마음의 감정을 지속적으로 유지하려면 익숙해져야 하고 습관이 길러져야 한다. 일상에서 감사하는 마음을 쉽게 실천하고 효과를 누릴 수 있는 방법은 감사일기 쓰는 것을 습관화하는 것이다.

　나는 감사를 실천할 때나 시시때때로 감사일기를 쓸 때마다 기적을 여러 번 경험하면서 놓치지 말아야겠다고 다짐했다. 나는 감사에 대해 특별히 무언가 하나가 감사한 것이 아니다. 지금은 작은 것 하나라도 그냥 다 감사하다. 지금 나는 매일 숨 쉬듯이 감사하고 있다. 내가 이렇게까지 표현하는 것은 내게 감사는 살아 있는 것 자체가 행복이고 기적이기 때문이다.

3장

인생을 바꾸는 감사 다이어리

나의 하루는 새벽 4시 30분에 감사로 시작된다

01

매일 한 문장 감사일기 쓰기

긍정적인 힘이 지속적으로 작용할 수 있도록
항상 통로를 닦고 확장하는 것이 감사 노트 쓰기 습관이다.

-『감사의 힘』 -

　나는 감사일기를 길게 쓰지 않는다. 오히려 "감사합니다."를 의도적으로 많이 한다. 외치다 보면 감사함을 자동으로 느끼기 때문이다. 감사일기는 하루 한 문장만 적어도 변화가 찾아온다. 더 많은 변화를 경험하고 싶다면 적어도 세 줄을 추천한다. 감사하면 빼놓을 수 없는 토크계의 여왕 오프라 윈프리는 아래와 같이 감사일기의 중요함을 얘기한다.

　"감사일기를 쓰면서부터 내 인생은 완전히 달라졌다.

나는 비로소 인생에서 소중한 것이 무엇인지,

삶의 초점을 어디에 맞춰야 하는지 알게 되었다."

최근에 지나가는 말로 들은 말이 있다. 우리는 자체가 끈기가 부족한 사람들이라 한다. 원래 장기 계획을 세워 지키기 어렵다고 한다. 그래서 단타성으로 빠르게 이루는 것이 더 효과적이라고 한다. 꾸준히 하는 것이 어려워 '작심삼일'이라는 말이 나오지 않았을까? 그만큼 습관 형성하기가 어렵다는 것을 말하고 있는 것 같다.

옛말에 "세 살 버릇 여든까지 간다."라는 말이 있다. 한번 형성된 습관은 고치기도 힘들지만 만드는 것도 힘들다는 뜻이다. 그래서 부모들이 아이들이 습관을 만들려고 부단히 애를 쓰는 것 같다. 나 역시 피해 갈 수 없는 한 개인이기도 하지만 아이들의 엄마이기도 하다.

마음공부를 시작하면서 나의 생각이 내 인생을 만든다는 것을 알게 되었다. 마음의 원칙을 알게 된 후 나의 습관을 재조정하기 시작했다. 나는 내게 일어나는 부정적인 생각들이 떠오를 때마다 흘려보내기를 했다. 긍정적인 생각과 확언들을 하기 시작했다. 많은 자기계발서에 '감사일기'를 쓰면 인생이 더 빠르게 변한다고 해서 나도 따라 해보았다. 처음엔 한 문장씩 적었다. 나는 제일 먼저 내가 살아 있다는 것에 감사를 하기 시작했다. 우울감에 늘 죽음을 준비하고 있던 나에게 감사는 나를 살게 하는 힘을 주었다. 어느 순간 나는 감사와 행복을 선택하는 순간들이 늘어나고 있었다. 웬만한 일에선 감정이 흔들리지 않았다.

3년 전 아버지의 죽음을 맞이해야 했다. 삶과 죽음은 누구에게나 닥치는 일이다. 나는 지금도 내가 언제 돌아갈지 모른다는 생각을 한다. 나는 나이가 들면서 나의 죽음을 준비하면서 살아야겠다고 늘 고민했다. 영적 행로를 걷는 사람들은 자기의 죽음을 선택한다고 되어 있다. 나도 그런 아름다운 깨어 있는 죽음을 준비하고 있다. 아버지의 죽음은 나에게 더욱 깨어 있는 삶을 살아가게 했다. 사망신고 이후 여러 가지 문제가 발생했다. 동생과는 사소한 일로 결별하게 되었다. 내가 아무리 다가가려 해도 동생 내외는 얼굴 한 번 마주치지 않았다. 나는 '그래. 내가 또 감당해야 하는 문제이구나!' 하면서 내려놓기 시작했고 그런 상황들을 이해하기 시작했다.

사람은 자기가 정한 기준이 있다. 그 기준에 어긋나면 이해 불가한 상태가 된다. 그럴 때 문제를 해결하려고 애쓰다 보면 모든 상황은 더 악화된다. 그럴수록 한 발짝 물러서는 연습이 필요하다. 내가 그 상황들을 이해하기 시작했던 이유이기도 하다. 작은 메모 하나에서 시작된 감사는 나를 완전히 다른 삶을 경험하게 하기도 한다. 그때는 몰랐던 마음의 법칙이 있다.

매일 한 문장 감사일기 쓰는 연습을 하다 보면 한 줄이 아니라 두 줄, 세 줄도 써내려 간다.

나 역시 처음 감사일기에 무엇을 적어야 할지 모를 때도 있었다. 한 줄 적기도 어려웠다. 하지만 어설프게라도, 짧은 문장이라도 적으니 작은 기적들을 경험하게 되었다. 나는 그때그때 상황에 맞는 문장을 만들어 그것이 해결이 될 때까지 반복해서 적었다. 예를 들면 집을 옮길 때, 해결하고 싶은 인간관계, 또는 금전 관계 등을 말한다. 나는 감사를 통해 가장 감사한 것은 아이들에게 돈으로도 줄 수 없는 것들을 알려주게 된 것이다.

한번은 아들이 고2 때의 일이다. 어느 날 내게 "엄마, 학교 교과서에도 안 나와 있는 것이 문제로 나왔는데 엄마가 알려준 것을 답으로 적었어요."라고 말한 기억이 난다. 아마도 지금 나를 신뢰하는 가장 큰 계기가 되었던 것은 그때가 아닐까 추측해본다.

작은 깨달음은 믿음의 씨앗이 된다. 우리가 어디로 가야 할지 방향을 설정한다면 더 쉽게 모든 것을 이룰 것이다. 그 작은 실천이 감사일기인 것이다. 칭찬은 고래도 춤추게 한다는 말을 들은 적이 있다. 우리 내면을 칭찬하는 도구로 감사일기를 들 수 있다고 생각한다. 나의 잠재의식을 춤추게 하는 것은 하루 한 문장씩 내게 감사함을 양식으로 주는 것이다. 그러다 보면 즐거움이 생기기 때문에 더 많은 것들을 하고 싶은 욕망들이 하나둘 머리를 들고 일어나기 시작한다. 거기에 "감사합니다."를 무한 반복하는 것이다.

이 방법으로 나는 15평, 19평 아파트를 구매해보았다. 나로서는 불가능한 일들이었다. 그 당시 대전이 투기과열제한지역으로 묶이기 전이었다. 대출규제도 거의 70% 이상 가능했던 시기였다. 이 아파트를 구매하기 전에 나는 매일 감사일기 한 문장씩을 적고 또 적었을 때이다. 모든 상황들이 내가 구매할 수 있는 유리한 조건으로 움직였다. 다른 대도시보다 대전엔 지금보다 아파트 매매 가격이 낮았을 때이다. 내가 두 번째 아파트를 구매했을 때 1가구 2주택에 대한 세금 규정이 생겨 나는 15평 아파트를 팔 수밖에 없었다. 어찌 되었든 나는 내가 원하는 평수보다 작았지만 내가 적은 감사일기 덕분에 내 이름으로 아파트 계약을 했었던 것이다. 나는 그 흔들리는 믿음들을 정립하면서 나만의 원칙들을 세워나갔다. 시험에 시험을 거듭하면서 나의 잠재의식의 힘을 믿는 믿음이 확고해졌다.
내가 원하는 삶을 살고 싶은가? 그러면 원하는 것만 그려 넣으면 된다.

아주 쉽고 간단한 방법이다. 너무 간단하고 쉬워서 사람들은 의심하기 때문에 하지 않는다. 이 단순한 원리를 완전히 이해하는 데 나 역시 10년 이란 세월이 걸렸다. 나의 생각과 말이 현실이 된다는 것은 내 안에 생각의 찌꺼기들이 비워진 상태에서만 가능하다.

굳은 믿음이 생기는 것이다. 내가 살면서 가장 오류를 범했던 것 중에 하나는 종교생활이나 마음공부에 대해서 나에게 좋다고 다른 사람들에게 강요했던 것이다. 그 강요로 인해 관계 형성도 엉망이 되어버렸지만 말이다. 그것 또한 감사한 일이다. 그런 경험들은 내게 삶의 지혜를 안겨주었기 때문이다. 나는 아이들에 대해 잘되는 것만 생각한다. 그랬더니 지금 아들은 자기 삶을 선택하는 법을 배우게 되었다. 책 읽는 습관을 만들어 가면서 경제적 개념을 배우고 있다.

사람들은 감사하기의 중요성도 알고 감사일기를 쓰면 삶이 변한다는 사실도 안다. 좋다는 것은 알지만 실천하는 사람은 많지 않다. 당연하다. 자기 스스로 연습하면서 터득이 되어야 관념에 대해 배우게 된다. 나는 아이들이 나처럼 방법을 몰라 지름길을 놔두고 멀리 돌아가지 않기를 바란다.

감사일기가 거창한 것은 아니다. 그냥 하루를 시작할 때이든, 저녁에 잠들기 전에 오늘 감사한 것을 한 문장으로 요약해서 적어보는 것이다.

처음엔 애써서 좋은 것, 거창한 것을 적게 될 것이다. 그것들을 적다 보면 어느새 나는 행복을 느끼게 될 것이다. 상상의 법칙의 기본이 되는 기분 좋은 감정. 그것은 내가 좋아하고 행복해하는 만족감이 아닐까 생각한다.

　나는 지금 서로 마음이 맞고 내게 요청하는 사람에게만 이 원리를 알려주고 있다.

　아주 작은 것부터 적기 시작하라. 지극히 사소한 것을 적기 바란다.

　나에게 주는 행복의 주문 "감사합니다."

02

주변 모든 것에 감사하기

감사는 타인에게는 훌륭한 태도이고,
자신에게는 영혼을 훈련하기에 좋은 습관이다.

– 다프네 로즈 킹마(Daphne Rose Kingma) –

잠시 눈을 감고 오늘 혹은 어제 하루를 떠올려보라.

감사한 일이 몇 가지나 떠오르는가? 이 질문에 어떠한 감사들이 떠오르는가? 유난히 내가 즐겁거나 힘들었던 것 또는 감사한 일들이 떠오를 것이다. 오늘은 평소와 달리 행운가득한 날이거나, 지극히 사소한 일에도 감사할 줄 아는 사람이거나, 당신은 어느 쪽에 속하는가?

예전에 나라면 행운은커녕! 하면서 콧방귀를 뀌었을 것이다. 나와는 전혀 무관하다고 생각하면서 하루하루 시간을 죽이며 보냈다. 혹시 감사한 일이 있다면 지금 노트나 핸드폰에 기록해보라. 쓰다 보면 자신도 모르게 감사함이 얼굴에 묻어나와 미소 짓게 될 것이다.

메모를 한다는 것은 익숙한 사람에겐 너무나 쉬울 것이다. 익숙하지 않은 사람에겐 무엇을 적어야 할지 헤맬 것이다. 평소에 자기감정 전달을 잘하는 사람은 감사함을 표현하는 것이 쉽다. 그래서 평소 어려운 사람은 특별한 감사를 느낄 때 그냥 그 현상에 대해서만 쓴다. 감사한 것을 능동적으로 찾아서 쓰는 것이 포인트다. 이렇게 적은 것은 나의 인생 기록이 되는 것이다.

일상에 아무것도 일어나지 않는 매일의 일상처럼 느끼지만 그 일상에서도 감사함을 찾는 주의를 기울이는 것이다. 지극히 평범한 일상이 당연하지만 아무 일도 일어나지 않는 것이 얼마나 감사한 일들인지 알아야 변화가 시작된다.

감사와 감사일기를 통해 나는 세상을 바라보는 시각이 달라졌다. 언제나 불행했던 나의 세상은 살 만한 세상으로 변했다. 늘 당연하게 여겼던 나의 조용한 일상은 내가 이렇게 글을 쓰기에 최적의 조건을 가진 특별함이라는 것을 알게 되었다. 내가 머무는 공간, 나와 함께하는 사람들, 내가 다니는 직장, 인간관계, 친구 등 그 외에 잠시라도 스쳐지나는 인연, 환경, 물건들은 알고 보면 특별함의 연속이다.

감사하는 마음은 당연함 속에서는 존재하지 않는다. 우리가 당연하다고 생각하는 것들 중에 감사한 것을 찾아보자. 매 순간 반복되고 주변에 흔하게 있어서 당연하다고 여겼던 것이 무엇이 있을까? 우리 몸의 생명을 유지하기 위해 가장 기본이 되는 공기와 물이다. 늘 당연해서 미처 감사 한 줄을 모르고 살았다. 자연이 주는 특별함은 많다.

감사하면 감사할 일이 생긴다. 내가 감사하게 보고자 한다면 주위에 모든 것이 감사꺼리를 제공한다. 매일 보는 아파트의 풍경도 다르게 보인다. 나는 아침 기상을 한 후 감사일기를 쓰고 필사를 하고 밖으로 나간다. 새벽 공기는 계절마다 다르다. 지금은 여름이라 그 시간에 산책을 하면 시원하다. 30분 정도 걷다 보면 저 멀리서 동트는 모습이 보인다. 그 모습을 바라보다 보면 자연의 경이로움에 감탄한다. 날마다 하늘을 물들이는 색깔이 다양하다.

나는 비가 와도 걷는다. 예전엔 귀찮아서도 나가지 않았던 나이다. 하지만 수행의 흔적이 몸에 배어 있는지 자연과 함께하는 모든 것이 나에겐 익숙하다. 맨발 걷기도 좋아한다. 비오는 날 맨발로 걷다 보면 발의 촉촉함을 느끼며 기분이 좋다. 일상에서 하나하나 나의 것으로 만들어가면 그것은 나만의 감사 이벤트가 된다.

내가 지금 하는 천 번 외치기 감사는 의식적으로 하는 감사이다. 조금 더 효과적으로 하기 위해 전자식 미니 계수기를 구매한다. 생각이 많고 부정성이 올라오면 일단 머리를 좌우로 흔든다.

그리고 무조건 계수기를 누른다. 무의식적으로 '감사합니다.'를 되뇌이다 보면 10분에서 20분이면 끝이 난다. 나의 인생을 바꾸는 데 적어도 20분은 투자할 수 있지 않은가? 아무것도 아닌 것 같지만 엄청난 효과가 있을 것이다.

사소한 것들에 감사를 하다 보면 어떤 날은 커피 한잔을 공짜로 먹을 수 있고, 만차가 된 주차장에 내가 세울 곳이 반듯이 있고, 나까지 선착순 마감이 되어 당첨되는 효과도 있다. 이러한 것들은 내가 기분이 좋을 때 한 생각으로 얻어지는 특혜이다. 그래서 매일 내 삶에서 감사로 나를 늘 정화시키는 것이다.

"세상에는 인간이 의식할 수도 상상할 수도 없으며, 보이지 않고 볼 수도 없는 기적이 존재한다."

— 프란시스 P. 처치(Francis P. Church)

처치의 말처럼 보이지 않는 기적을 경험하는 것은 주변의 모든 것에 감사하기를 시작할 때 비로소 경험한다. 온 천지에 피어나는 따뜻한 온기 속에서 편안함을 느끼게 된다. 꽃과 나비의 어울림을 볼 수 있다. 비온 뒤 소리 없이 기어 나오는 달팽이들을 볼 수 있다. 바람을 타고 너울너울 춤을 추는 나뭇잎을 발견하기도 하고 뭉게뭉게 양털 같은 흰 구름을 볼 수 있다. 여름 밤 쏟아지는 별빛 속에서 행복해할 수 있다. 겨울의 눈꽃송이들을 보며 한없이 뛰어놀 수 있는 천진함을 볼 수 있다. 셀 수 없을 만큼의 기적은 우리 주변에 늘 존재하고 있었다. 바라보는 나의 관점이 바뀌면 이렇게 많은 것들을 공짜로 누리는 혜택이 있다.

언제나 주변에 당연하게 있었던 많은 감사들이다. 지금이라도 눈을 들어 허공을 바라보기 시작하라. 눈에 힘을 빼고 지긋이 바라보라. 무수히 많은 에너지들이 생명 활동을 하기 위해 빠른 속도로 움직인다. 그것을 감지하는 나의 눈이 있어서 얼마나 감사한가? 바람을 느끼며 눈을 감아보라. 나의 뺨을 어루만지듯 스치는 그 느낌은 내가 사랑받는 기분이 들지 않는가? 일상의 모든 감사는 나의 잠자고 있는 감각들을 깨우게 된다.

오프라 윈프리, 스티븐 호킹 등 세계적으로 영향력을 발휘하는 사람들의 공통적인 습관 역시 '매일 감사하는 것'이다. 이들이 남들보다 좋은 일이 더 많이 생겨서 감사를 자주 하는 걸까? 전혀 아니다. 주어진 상황은 남들과 별반 다르지 않았고 때론 더 가혹하기까지 했다. 그들에게 감사는 삶의 태도였다. 좋든 싫든 아무 조건 없이 삶의 모든 순간을 소중하게 여겼다.

— 월 파이, 『인생이 바뀌는 하루 3줄 감사의 기적』에서

매일 행복할 수는 없다. 하지만 매 순간 "감사합니다."를 외칠 순 있다. 그냥 감사를 했을 뿐이다. 모든 상황이 나에게 맞추어 돌아가기 시작했다. 단순함의 여유를 누리게 되었다. 어디든 가면 나와 함께하는 사람들이 있다. 감사할 때 더 많은 행복한 기운이 함께하는 이들에게 전달된다.

내가 원하는 삶을 쉽게 살고 싶은가? 내가 갖고 싶은 것을 언제든 갖고 싶은가? 그럼 지금 '매 순간 감사를 선택하고 행복하겠다.'라고 마음먹어라. 무엇을 해도 모르던 나의 심장은 감동의 에너지를 만들어 발산하기 시작한다.

나의 소중한 인생을 위해 더 이상 시간을 낭비하지 마라! 불평 불만을 할 시간에 무조건 "감사합니다."를 외쳐라! 주변 모든 것에 감사하라! 과거는 흘러갔고, 미래는 오지 않았다. 오직 지금뿐이다.

감사한 이유를 구체적으로 써라

감사를 구체적으로 하는 사람은
감사의 기쁨과 행복을 더 많이 발견하고 누리는 자이다.

- 김유니 -

보통 질문을 하게 되면 답을 들으려고 하기도 하고 그것으로 대화를 하려고 하기도 한다. 하지만, 지금 젊은 사람들은 질문을 하면 "모르겠는데요, 몰라."가 대다수다. 어느 날, 아이한테 질문을 했더니 0.1초 안 되어 "몰라."라고 대답을 했다. 몇 번은 그냥 지나갔다. 곰곰이 생각해보니 전혀 생각이라는 것을 하지 않으려고 해서 나는 그때부터 아이에게 대화에 대해서 설명했다.

그 후 아이는 잠시 멈추어 생각하고 말하는 습관이 생겼다. 스스로 할

수 있다고 여기는 것에 대해선 바로 대답을 했고, 결정을 하기 애매한 것
은 "생각해볼게요."라고 말한 후 그 이유에 대한 자기 결정을 얘기했다.

삶이 힘들고 지칠 때는 만사가 귀찮아진다. 다행히 나이가 들어도 직
장 생활과 자기 사업을 하는 사람은 질문과 대답이 어렵지 않다. 대화하
기가 어렵거나 서로 소통이 안 된다면 우린 여러 번 대답을 들으려고 요
구하게 된다. 누군가에게 부탁을 할 때도 그럴 만한 정당한 이유를 설명
하면 쉽게 나의 부탁을 들어준다.

하버드대학교 심리학과 엘렌 랭어(Ellen J. Langer) 교수가 진행한 실
험에서는 '왜냐하면'이 상대방의 마음에 '예스'를 만들어준다는 결과가 나
온 사례가 있다.

내 삶에 감사하기도 마찬가지인 것 같다. 나의 감사일기도 구체적으로
적어보자.

[예시1] "아침에 출근하게 되어 감사합니다."

이렇게 한 줄로 표현하는 것보다 이유를 들어 좀 더 구체적으로 쓰면
어떨까? 다음과 같이 이유를 들어 구체적으로 표현한다면 감사함은 생

동감이 있게 된다.

[예시1-답] "아침에 일어나 출근을 했다. 내가 일할 수 있고 출근할 수 있는 회사가 있어서 감사합니다."

어떤가? 조금 더 구체적인 이유가 있으니 마음에 와닿는 감정이 다르지 않은가?

[예시2] "아침에 일어남에 감사합니다."

[예시2-답] "이른 아침에 잠에서 깨어 일어날 수 있음에 감사합니다. 밤사이에 편안하게 잘 수 있었음에 감사합니다. 덕분에 상쾌한 기분으로 하루를 지낼 수 있음에 감사합니다. 감사한 아침을 시작할 수 있음에 감사합니다. 하루종일 기분 좋은 하루를 보낼 수 있음에 감사합니다."

자세한 설명과 이유를 적으니 어떻게 느껴지는가? 좋은가? 아님 귀찮다고 느껴지는가?

우리는 단답형에 익숙하다. 무엇이든지 빨리하는 것도 좋아한다. 감사 일기의 효과를 보려면 짧은 단답형보다 이유가 들어 있어야 한다. 또한,

구체적인 설명이 들어 있는 것이 더 좋다. 일처리에 앞서 조금 느긋한 것이 오히려 실수를 줄일 수 있다. 사람이 살다 보면 성향도 바뀌는 것 같다. 예전엔 지금보다 더 느긋했다. 요즘은 나도 모르는 사이에 빠르게 일처리를 하다 보니 실수가 잦아지는 경우가 빈번하게 일어난다. 실수를 줄이기 위해 아침저녁으로 나는 명상을 한다. 짧게 하는 명상이 집중력을 높여주기도 한다.

앞으로 자기 자신의 인생을 어떻게 살지는 바로 자신이 어떤 목표를 선택하느냐에 따라 인생은 달라질 것이다. 더 이상 고민하지 말고 나아갈 방향을 설정하고 목표를 세워라. 구체적이고 명확한 목표 설정이 실현 가능한 것이어야 한다. 감사일기를 구체적으로 쓰는 이유는 내가 하는 감사가 어떤 목적을 가지고 있는지를 알기 위함이다.

감사일기를 구체적으로 쓰라고 해서 형식에 매일 필요는 없다. 그냥 마음에서 우러나오는 감정들을 적어보는 것도 좋다. 내가 느끼는 대로, 마음 가는 대로 쓰면 되는 것이다.

감사일기를 효과적으로 작성하는 방법은 다음과 같다.

1. 주변의 모든 일에 감사하라.

2. 자신의 감정을 솔직하게 써라. (형식적인 것이 아님)

감사일기는 나만의 일기장이기도 하다.

3. 감사한 이유, 고마운 사람, 무엇에 대해 감사한지 구체적으로 쓴다.

4. 고마운 대상에 초첨을 맞춘다. (돈, 소유, 물질보다 사람을 대상으로)

5. 매일 한 문장씩이라도 쓴다.

6. '긍정문'으로 써라

7. '때문에'가 아니라 '덕분에'라고 써라.

8. 감사요청일기는 현재 시제로 작성하라.

9. 모든 문장은 '감사합니다'로 마무리하라.

감사일기를 쓰거나 감사기도를 할 때는 일정한 장소에서 하는 것이 좋다. 일정한 장소에서 하는 것은 그곳에 나의 기도나 에너지들이 쌓이기 때문이다. 일반 수련 단체들도 명상할 때는 지정된 장소가 있다. 많은 사람들이 기도한 자리는 그 공간에 에너지들이 모여 있기 때문에 어느 특정한 장소에 가면 자연스럽게 병이 치유되는 것이 우연한 일어나는 일이 아니다. 그만큼 정해진 자리에서 하는 것이 중요하다.

[예시3] "오늘 해가 떠서 감사합니다."

[예시3-답] "오늘 햇살이 따뜻해 편안한 기분을 느낄 수 있어서 감사

합니다."

[예시4] "아이들에게 고맙다."
[예시4-답] "○○가 나에게 자기의 생각을 표현하고 자기 삶을 찾아가는 모습이 고맙다."

이렇게 구체적인 감사 표현이 훨씬 더 감사함을 많이 느끼게 한다.

만약 당신이 지금 힘든 일들을 겪고 있고, 좌절과 절망 속에 있다면 나의 상처 입은 마음먼저 회복해야 한다. 좌절과 절망에서 나오는 방법은 '감사하기'와 '감사일기 쓰기'이다. 이를 통해 희망을 찾고 꿈을 향한 열정을 불러일으킨다면 무엇이든지 이루게 된다. 감사는 내 마음속 상처를 치유해주며 숨어 있는 내 내면의 불안과 분노, 짜증 등을 흘려보내고 행운과 기적을 선물한다.

오늘도 기대되는 하루가 시작됨에 감사합니다.
매일 아침 새벽 기상을 통해 자기성장을 할 수 있음에 감사합니다.
출근할 때 여유로운 커피 한잔을 할 수 있음에 감사합니다.
오늘도 내가 해야 할 일들이 쉽게 해결되어 감사합니다.
언제나 불편했던 관계가 친근함으로 전환되어 감사합니다.

새로운 걷기 운동을 통해 건강을 잘 챙길 수 있음에 감사합니다.

날마다 좋은 일들이 내게 일어남에 감사합니다.

나는 모든 것에서 조화로움을 유지할 수 있음에 감사합니다.

04

감정일기 쓰기

감사야말로 불안과 두려움을 보내오는 운명의 여신에게
맞설 수 있는 인간의 가장 효과적인 무기다.

- 알랭 드 보통 -

　근심, 걱정, 부정적인 생각 하느라 감사할 시간이 없나요? 감사는 기분이 좋을 때 느껴지는 감정이다. 내 기분이 좋고 편안해야 내 감정을 온전히 느낄 수 있다. 혹, 감사일기를 쓰는 데도 변화가 전혀 없다면 부정적인 감정을 그대로 가지고 진심으로 쓰지 않는 경우가 많다.

　우리는 뭔가에 집중하거나 결정하기 힘들 때 근심 걱정과 같은 부정적인 생각에 사로잡혀 있게 된다. 최악의 상태엔 자기 죄책감이나 극심한 절망감에 사로잡혀 자기만의 감옥에 가두게 된다. 문제의 원인이 무엇인지 찾아보기 힘들고, 현재를 직시해서 바라보는 것이 어렵다. 그것은 결국 우리의 마음이 근심 걱정과 같은 부정적인 생각과 감정이 가득 차 있을 때 진정한 감사와 행복을 느낄 수 없다.

그런 상태에서 감사일기를 쓰겠다고 한다면 진정성 없이 영혼 없는 글을 몇 자 끄적끄적할 뿐이다. 그러기에 감사일기 쓰기 전에 근심 걱정과 같은 부정적인 생각과 감정을 풀어내기 위해 감정일기 쓰기를 추천한다.

몇 해 전 3년간 몸이 아파 사회생활을 전혀 못 했던 시간이 있었다. 자연치유로 어느 정도 회복이 된 후, 처음 경제생활을 시작한 것이 마트 캐셔였다. 하루 종일 할 수 없었기 때문에 아르바이트로 하루 6시간 마트 캐셔 할 때의 일이다. 파트별로 나뉘어서 세 명이 교대로 일을 했는데 나는 1시부터 6시까지였다. 그런데 일주일에 한두 번 정도는 정산이 맞지 않고 여러 번 차이가 났다.

어느 날 점장이 내게 말을 건넨다.

"김 여사님은 정산할 때 매번 돈이 안 맞는 이유가 뭡니까?"라고 말하자 함께 일한 동생이 하루는 옆에 있다가 한마디 건넨다.

"언니는 거스름돈 잘 주는 것 같은데 왜 그럴까?" 하며 웃어넘긴다. 그때 난 내 삶에 조금씩 감사를 적용하고 있었다. 그래도 가끔씩 올라오는 나의 부정적인 생각들은 쉽게 버리기 어려웠다. 그럴 때마다 '문제가 뭘까?'라는 생각에 갇혀 고민을 많이 했다. 방법을 찾고 싶었다. 그냥 실수였다면 쉽게 잊어버렸을 텐데 여러 번 반복되니 나는 조금 기분이 안 좋았다. 나 스스로를 자책하기도 하면서 스트레스가 쌓여갔다.

그런 부정적인 감정이나 안 좋은 기분을 해결하기 위해 나는 감정일기를 쓰기로 했다. 먼저 내게 있었던 부정적인 감정에 대해 써내려갔다. "오늘 나는 정산하면서 또 실수를 했다. 그런 나에게 점장은 여러 번 실수하는 이유에 대해 한소리했다. 나는 기분이 나빴다. 집에 돌아오는 길에 나에게 문제가 뭘까? 라는 질문을 했다." 나의 하루를 정리하면서 일어났던 감정을 쓰다 보니 기분이 나빴던 감정은 사라졌다. 어느새 '괜찮아! 그럴 수도 있지! 다음에 더 잘하자!'라는 긍정적인 마음으로 바뀌면서 하루를 마무리했다.

어느 날, 마트를 그만두게 되었다. 마지막 정산을 하다 보니 금고 안 깊숙한 곳에 그동안 내가 지불한 돈이 떨어져 있었다. 그때 이런 생각이 들었다. 만약 내가 계속 근심, 걱정, 부정적인 감정에 싸여서 생각만 했다면 어떻게 되었을까? 결국 상황이 주어졌을 때 '내가 어떤 선택을 할 것인지가 중요하구나!'라는 것을 알게 되었다. 그 일 이후 나는 감정일기를 쓰면서 하루를 정리하는 것이 부정에서 긍정으로 자연스럽게 변화되는 것이라는 것을 알게 되었다.

내가 스스로 주관적으로 생각하고 진정으로 느끼는 것이 무엇이든 나의 모든 상황이나 경험, 사건으로 표현되고 있다. 그러기에 '감정'과 '행동'은 조화로운 균형을 유지하는 것이 중요하다. 자연의 모든 법칙에도 작용과 반작용, 혹은 편안함과 불편함이 공존한다.

이 두 가지는 결국 조화로운 균형이 유지되어야 한다. 거기에서 마음의 평화와 균형이 생기게 된다. 근심, 걱정, 부정적인 생각이나 감정은 흔히 종종 위궤양, 긴장, 불안, 초조, 심장병 등 같은 다양한 몸의 질병으로 나타나게 된다. 그뿐만이 아니라 나의 생동감이나 육체, 재정적 상태, 친구, 비즈니스 파트너, 사회적 위치 등 전부 스스로 나 자신을 어떻게 생각하고 있는가에 따라 그대로 현실의 모든 삶에 모든 상황에서 나타나고 경험되어진다.

나의 마음에 품은 근심, 걱정, 부정적인 생각으로 스스로 해친다는 사실을 인식하면서 나는 감정일기를 꾸준히 써왔다. 혹, 당신도 자기 자신에게 아주 작은 것에 화를 내거나 두려워하거나 시기 질투하거나, 원망하는 마음에 스스로 상처받고 아파한 적이 몇 번이나 있었는가? 이런 것들이 내 삶을 망치는 주요 원인이 된다.

"인생을 사는 방법은 2가지다. 하나는 아무 기적도 없는 것처럼 사는 것이요, 다른 하나는 모든 게 기적인 것처럼 사는 것이다."

－『왓칭』

어떤 삶을 살고 싶은가? 당신은 지금 자기 자신을 어떻게 생각하고 느끼는가? 지금의 나의 삶은 나의 생각과 감정이 만들어낸 결과물라는 말이 있다. 그 말을 듣고 나는 내 인생을 바꾸고 싶었다. 당장 실험해보기로 했다. 이유 없이 다년간 몸이 아프고 나의 경제 사정이 밑바닥이었고, 인간관계는 모두 엉망이여서 그 도구로 난 '감사'를 선택했고, 근심, 걱정, 부정적인 생각이 올라올 때마다 선택한 것이 감정일기이다. 감정일기를 쓰다 보면 신기하게도 그 감정들은 얼마 안 되어 사라지는 것을 경험한다.

다음은 30여 년간 방송 기자의 직업을 가졌었고, 가족의 죽음을 계기로 마음의 병을 얻었다가 치유되어 많은 이들에게 부정적 생각을 객관적인 눈으로 바라보게 하는 방법을 제시해서 행복을 찾아가게 도와주고 있는 김상운의 저서 『왓칭』에서는 근심, 걱정, 부정적인 감정에 대해 아래와 같이 소개하고 있다.

　정신의학자인 카바트 진(Jon Kabat-Zinn) 박사는 부정적인 감정이
소용돌이칠 때 조용히 주시하노라면 우리 뇌가 만들어내는 그 소용돌이
의 경이로움을 느낄 수 있다고 말한다.

　"우리가 스스로 만들어내는 부정적인 소리에 귀를 기울여보세요. 인간
이 부정적인 감정을 스스로 만들어낼 수 있다는 게 얼마나 경이로운 일
인가요? 때로는 분노에 파묻혀 치를 떨기도 하고, 때로는 절망의 늪에
빠져 허덕이는 것도 다 우리 스스로 창조해내는 겁니다."

　또 하버드 대학의 테일러(Jill Taytor) 박사 역시 조용히 주시하는 것만
으로 부정적인 감정이나 생각이 90초 내에 식어버린다고 말한다.

　이와 같이 "부정적 생각이나 감정의 자연적 수명은 90초이다." 그렇기
때문에 오랫동안 그 감정들을 내 안에 가두고 산다는 것은 어리석은 일
이다. 우리의 근심, 걱정, 부정적인 감정이나 생각들은 생존을 하기 위해
생겨나기 때문에 그 생각들을 인정하고 받아들여서 흘러가게 놔두면 그
빈자리에 평화가 찾아온다.

　우리가 살아가는 동안 삶을 피할 수 없다. 근심과 걱정, 불안한 마음도

피할 수 없다. 하지만, 그러한 감정들이 생겼을 때 해결하는 방법은 여러 가지가 있다. 그 중에 일부가 감정일기 쓰기이고, 그 외에도 그 감정들을 발산하는 방법은 여러 가지이다. 신나는 음악을 들을 수도 있다. 아니면, 다 잊고 잠을 잘 수도 있고, 그냥 무신경할 수도 있다. 하지만, 우리의 감정들은 나의 무의식과 나의 세포 하나하나에 모두 저장된다고 한다. 생존을 위해 단 90초의 자연적 수명으로 나타났다 사라지는 것이라면 어떤 선택을 하고 싶은가?

나는 유독 남들보다 생각의 꼬리를 다는 것이 습관이었다. 하지 않아도 되는 근심과 걱정을 했고 부정적으로 삶을 해석했다. 그래서 얻은 결과는 모든 것에서 엉망이 되는 결과를 초래했다. 나만의 생각 감옥에서 나오는 데 오래 걸렸다. 많은 시행착오 끝에 지금은 '감정일기'란 도구를 통해 나의 감정을 정화하고 '감사'로 인해 매일 행복한 삶으로 인생을 바꾸게 되었다.

나에게 '감정일기'와 '감사'는 빼 놓을 수 없는 소중한 친구이다.

05

성공의 끝에서 감사일기 쓰기

긍정적인 부분에 초점을 맞출 때마다 삶은 더욱 밝게 빛나고
그 빛이 모든 어둠을 없앨 수 있음을 알게 된다.

- 『시크릿 데일리 티칭』 -

내 삶을 통째로 집어삼킨 나의 인생 여정 속에서 발견한 감사와 사랑 그리고 감사일기! 이것은 나의 삶의 기적을 만들어주었다. 작은 회사에 경리로 근무하고 무일푼에 스펙도 없는 내가 작가가 되었다. 큰 변화 없이 집, 회사를 반복적으로 살아가는 내게 작가로서 글을 쓴다는 것은 엄청난 변화이다. 가문의 영광이기도 하다. 부모님이 살아 계신다면 실컷 자랑하고 싶다. 나도 해냈다고! 이제라도 꿈을 이루었다고 말이다.

두 번의 이혼으로 자기 존중감은 찾아보기도 힘들었던 나다. 나란 존

재가 궁금해서 영적 행로 속에 흔들렸던 믿음과 신념들을 재정립한다는 것은 무척 어려웠다. 죽음의 유혹에서 벗어나기 위해 몸부림쳤던 그 많은 시간들이 내겐 값진 보석과 같다. 마음을 나누는 법을 몰라 스스로 인색했던 나 자신. 지금은 작은 것 하나라도 나누어주려는 마음의 소유자가 되었다.

나는 마음 수행을 목적으로 살았다. 사람은 자기가 규정짓는 대로 경험하는 것을 나는 안다.

스스로를 어떻게 규정짓고 있는가? 우린 매 순간 선택의 연속성을 살고 있다. 마음 수행도중 불교와 인연이 닿았다. 불교는 내게 내면으로 들어가는 다양한 방법을 선사했다. 불교 경전, 절 수련, 명상 등 그 외에도 많다. 여러 가지 상황들을 경험하는 것은 나의 선택이었다.

매순간 문제로부터 도망치면서 선택한 결과들이 결국 나의 자책감이 되었다. 인생 낙오자란 생각들 때문에 견디기 어려웠다. 우물 안 개구리가 되어 그 안에서만 나를 보호하면서 살았다. 내 안의 감옥에서 나를 나오게 한 것이 '감사'와 '사랑'이다. 내가 용서해야 하는 것이 타인이 아니었다. 바로 나 자신이었다. 있는 그대로의 나를 인정하고 받아들이기 시작하면서 나는 새로운 삶을 살기 시작했다.

나는 내가 하는 것이 옳다고 여겼던 것들이 나만의 견해일 수 있다는 것을 알게 되었다. 그후 나는 침묵하는 법을 배웠다. 주변의 모든 사람들의 인생에 관여하는 것은 가장 어리석은 행동 중에 하나임을 이해하게 되었다. 부모, 자식, 형제, 남편, 아내, 이웃, 그것은 모두가 해당된다. 특히 아이들에게 부모는 그렇다. 인생의 선배로 가이드는 제공할 수 있지만 결정 지어주면 안 된다. 스스로 꿈 꾸는 방법을 도와주고 인내하고 기다려주어야 한다.

진정한 성공이란? 성공한 모습은 어떤 모습일까? 무엇이라고 생각하는가? 각자의 가치관에 따라, 각자의 성공도 달리 정의될 것이다. 랄프 왈도 에머슨은 진정한 성공을 이렇게 정의했다. 그의 시를 옮겨본다.

"자주 그리고 많이 웃는 것

현명한 이의 존경을 받고 아이들의 사랑을 받는 것

정직한 비평가의 찬사를 듣고

친구의 배반을 참아내는 것,

아름다움을 식별할 줄 알며

다른 사람의 내면에서 최선의 것을 발견하는 것

건강한 아이를 낳든 한 뙈기의 정원을 가꾸든

사회환경을 개선하든

자신이 태어나기 전보다 이 세상을

조금이라도 살기 좋은 곳으로 만들어놓고

떠나가는 것.

자신이 한때 이곳에 살았음으로 해서

단 한 사람의 인생이라도 행복해지는 것

이것이 진정한 성공이다."

성공이란 것은 지극히 개인적인 정의인 것 같다. 랄프 왈도 에머슨 (Ralph Waldo Emerson)의 시처럼 나 역시 그런 마음을 가지고 살았다. 내가 할 수 있는 것은 밝은 미소, 친절함으로 함께하고 싶은 마음이 크다. 나의 작은 나눔으로 단 한 사람이라도 삶이 변화될 수 있었으면 좋겠다. 나의 꿈은 천 평이 넘는 곳에서 마음과 몸의 치유를 돕는 힐링센터를 운영하는 것이다. "살며 배우고 나누면서 살자!"라고 오래전 나의 꿈 목록에 적어놓은 글이다. 이제 나는 새로운 목표가 생겼다. 선한영향력을 가지고 더 많은 이들과 함께하려면 모든 면에서 균형과 조화가 갖추어져 있어야 한다고 생각했다.

내가 책을 쓰게 된 계기도 그렇게 시작되었다. 몇 년 전 김태광 대표의 저서 『김대리는 어떻게 1개월 만에 작가가 됐을까』를 읽었던 기억이 났다. 그리고 오래전 가입해놓은 〈한책협〉 카페가 생각났다. 다시 카페 활동을 시작했다. 제일 먼저 "성공해서 책을 쓰는 것이 아니라 책을 써야 성공한다."라는 문구가 나에게 크게 다가왔다. 책 쓰기 1일 특강이 있었다.

특강 후 5주 책 쓰기 과정이 있다고 하셨다. 책 쓰기 과정을 신청 후 '과연 나도 책을 쓸 수 있을까?'라는 의문에 망설였다. 1일 특강을 들으면서 김태광 코치님에 대한 저력을 확인할 수 있었다. 무려 1,100명이 넘는 사람들을 작가로 만들었다. 또한 개인 저서가 290권이나 되었다. 수강생들의 책들까지 포함하면 1,400권에 가까운 책을 기획, 집필하셨다. 그리고 우리나라 아이들 교과서에 16편의 글들이 수록되어 있다.

국내 최고의 책 쓰기와 출판 노하우로 '출판 가이드 시스템' 특허를 취득하셨다. 책 쓰기의 1인자임을 알 수 있었다. 나의 망설임은 잠시였다. 〈한책협〉에서는 5주 책 쓰기 과정이 끝나기도 전에 빠르면 3주, 늦으면 5주 안에 모두 출판 계약을 맺게 된다.

나 역시 빠르게 출판 계약을 맺고 이 책을 쓰고 있다. 성공하려면 성공한 자에게 배워야 빠른 결과를 얻을 수 있다. 〈한책협〉에 와서 작가의 꿈을 이루게 되는 분들 중에는 거액을 지불하고 배워도 책 한 권 못 내고 시간을 몇 년씩 소모시킨 분들도 계시다.

〈한책협〉은 책 쓰기뿐만 아니라 1인 창업 과정, 강연 과정, SNS마케팅 과정, 의식 성장을 통해 성공으로 나아가는 길을 알려준다. 책 쓰기를 배우고 싶다면 〈한책협〉의 시스템 속에서 작가가 되길 바란다.

다음은 오프라 윈프리가 과거 첫 아침 방송을 마친 후의 소감을 소개한다.

"첫 방송이 끝난 순간, 나는 하나님께 감사했어요. 왜냐하면 내가 하고자 했던 것을 드디어 찾았다는 느낌이 들었거든요. 마치 편안하게 숨 쉬는 것과 같은 기분이 들었어요. 사실 살아가다 보면 원하는 일을 찾지 못할 때가 종종 있잖아요. 오히려 일이 나를 선택할 때도 있고요. 나는 아침 방송으로 좌천되었지만 이제야 진정한 내 일을 찾은 것 같았어요."

나도 이제야 나의 꿈을 찾았다. 쉬지 않고 가슴속에 감사를 실천한 덕분에 얻은 행운의 선물이다. 이렇게 꿈을 찾고 보니 가슴 설레는 것이 연애할 때 느껴지는 것만이 아니다. 가슴 설렘은 내 꿈과 만났을 때도 생기는 감정이라는 것이다.

오프라 윈프리는 누구보다 감사의 힘에 대해 잘 알고 있다. 그래서 원프리는 그날 있었던 일 가운데 감사할 일 5가지를 매일 쓴다고 한다.

1. 평안히 잠자고 이른 아침에 상쾌한 마음으로 깨어 일어난 것에 감사하라.

2. 이른 아침에 일어나서 푸른 하늘을 바라볼 수 있음에 감사하라.

3. 오후 낮 식사 시간에 맛있는 식사를 할 수 있음에 감사하라.

4. 매사 모든 일에 인내심을 가지고 대처할 수 있음에 감사하라.

5. 나에게 좋은 책을 읽게 하여준 작가에게 감사하라.

성공하기 위해선 꿈과 목표를 끊임없이 기록하고 상상해야 한다고 말한다. 얼마 전 자기경영사 자격증 과정을 수료하면서 배운 것은 연간, 월간, 일간, 주간 계획을 세우는 것이다. 이렇게 자기 스케줄 관리를 한다면 자기 목표에서 벗어나는 것을 방지한다. 시간을 아끼고 빠르게 성공하고 싶은가? 자기 잠재의식의 무한 가능성을 믿어라. "나는 무엇이든지 될 수 있고 할 수 있고 가질 수 있는 존재이다." 나는 매일 이 말을 반복하며 말한다.

나는 이제 성공하려는 마음의 씨앗을 품었다. 내가 바라는 성공은 단한 사람이라도 나의 도움이 필요한 사람에게 나누고 싶다. 감사와 사랑 그리고 감사일기로 많은 기적들을 선물해주고 싶다. 원하기만 하면 누구나 다 받을 수 있다. 신이 주신 축복의 선물과 특별함을 누리게 해주고 싶다. 잠깐! 필요한 것이 있다. 딱 3가지만 있으면 된다. 바로 당신의 마음 그리고 기록할 수 있는 노트와 펜이다.

인생은 단 한 번뿐이다. 즐겁고 신나게 살아야 한다. 세상에서 가장 행복한 사람은 자신이 가진 것에 만족할 줄 아는 사람이다.

나의 작은 성공은 아이들에게 부끄럽지 않은 엄마가 되는 것이었다. 내가 지금 이 글을 쓰는 것이 나의 바람이었던 소망이 이루어진 것이다.

오늘도 나의 감사와 사랑 그리고 감사일기는 계속된다.

06

마음이 풍요로워지는 감사일기 쓰기

이 세상에서 가장 부유한 사람은 누구인가?
자기가 가진 것에 감사하는 사람이다.

- 『탈무드』 -

내 감정이 무엇인지도 모르고 살아왔던 시절. 마음공부를 통해 내 안에서 일어나는 감정들을 이해하고 내려놓기 시작했다. 삶의 행복과 의미를 찾아 마음공부를 하는 사람들은 하나같이 감사에 대해 이야기하고 있다. 우리 삶의 궁극적인 목적은 행복에 있다. 행복을 누리기 위해 돈도 벌고 여행도 가고 놀기도 한다. 마음의 풍요는 마음먹기에 달려 있다.

나는 뇔르 C. 넬슨, 지니 르메어 칼라바의 저서 『소망을 이루어주는 감사의 힘』, 데보라 노빌의 저서 『감사의 힘』이 두 책을 통해 감사가 얼마나 삶을 변화시킬 수 있는지에 대해 배우게 되었다. 행복과 성공의 기본 바탕은 감사하는 마음이다.

삶을 바라보는 방식을 배우고 시작한 후 나는 마음의 풍요로움을 경험하게 되었다.

사람은 자기가 경험하고 깨달은 것만을 인정하는 습관이 있다. 감사를 습관화하는 것이 단순하지만 쉽지 않다. 왜냐하면, 매일 같은 일상을 산다고 생각하고 하루를 맞이하기 때문이다. 잠시 멈추어 생각해보면 어제 내가 경험한 것들은 오늘 똑같이 경험하지 않는다는 사실을 발견할 수 있다.

위기가 곧 기회라는 말이 있다. 지금 자신의 삶에서 벗어나고 싶은가? 사면이 벽이라 넘을 수 없는 상황인가? 스스로 위기감을 느끼고 있는가? 그렇다면 감사를 연습하고 감사일기를 써보자. 적는 순간 마음의 안정과 평안함을 경험하게 된다. 당신의 혼란한 마음과 뇌의 리듬을 가라앉히고 조화롭게 만들어질 것이다. 감사를 할 때 우리의 몸은 행복 호르몬을 생성한다. 하루 10분만 투자한다면 마음의 풍요를 누릴 수 있다.

누구나 인생이 잘 풀리지 않을 때가 있다. 그럴 때 우리는 움직여야 한다. 내가 힘들 때 우린 투명인간이 되려고 한다. 작은 시도부터 해보길 바란다. 그 작은 움직임이 나는 감사 외치기와 감사일기 쓰는 것이었다.

그리고 자신을 사랑하는 마음이다. 나를 잘 알게 되고 나의 내면에 귀 기울이게 된다. 나 자신에게 좋은 것을 주게 된다. 무언가를 시작할 때는 용기와 노력이 필요하다. 나는 나에 대해 무척 인색한 사람 중에 하나였다. 무엇을 보든 부정적인 면을 먼저 떠올렸다. 몸이 아팠기 때문에 짜증을 달고 살았다. '당신 때문에', '상황 때문에', '타고난 운명 때문에'라는 생각은 내가 내 마음의 주인 되는 것을 가로막는다. 우리는 상황을 바꿀 수 없다. 우린 "~ 때문에 나의 기분이 나빠, ~ 때문에 내 인생이 이렇게 됐어."라고 늘 남 탓을 하는 것이 익숙하다. 언제나 그 선택을 하는 것은 나 자신이면서 말이다.

프랑스의 약사이자 심리치료사인 에밀 쿠에(Emile Coue)는 우리에게는 '무엇이' 보이는가가 아니라, '어떻게' 보는가가 중요하다고 말한다. 매일매일 일어나는 상황들이 발생하면 그것은 누구나 볼 수 있다. 하지만 그것을 어떻게 보는가는 개인마다 다르다. 내가 어떻게 보느냐에 따라 그 상황들은 나에게 미치는 영향이 달라진다.

감사일기를 쓰는 이유가 무엇일까? 감사일기를 쓰지 않고도 마음의 감정 처리가 잘된다면 굳이 감사일기를 쓸 필요는 없다. 왜냐하면, 내 안에 불안, 부정적인 생각을 정화하고 감사함을 지니기 위한 수단이기 때문이다. 감사일기가 목적이 될 순 없다. 하지만, 글을 쓰는 행위는 우리 사고를 바꾸는 데에 탁월한 효과가 있다. 감사일기는 하루의 시작과 끝에서 만나는 내면의 쉼터이다. 아주 작고 사소한 일이나 감정을 적어도 좋다. 또한 내가 경험하고 싶은 미래에 대해 적어본다. "상상하면 현실이 된다.", "꿈은 이루어진다."라는 말처럼 내가 적는 모든 것은 나의 삶에 반영된다. 나도 오래전부터 나의 미래에 대해 적는 습관이 되어 있다. 기록했다는 것은 내 삶에 요청하는 것이다.

"나는 내가 처한 상황과 관계없이 항상 쾌활함과 행복함을 유지한다. 나의 행복이나 절망은 환경에 따른 것이 아니라 내 성향에 달려 있음을 경험으로 배웠기 때문이다."

— 마사 워싱턴

직접 경험해보지 않으면 모른다. 감사가 좋은 줄은 다 안다. 감사일기를 써야 한다는 것도 안다. 하지만 실천하고 행동하기는 쉽지 않다. 나이키의 성공 슬로건 'JUST DO IT'처럼 그냥 써보는 것이다. 한 번도 해보지 않았다면 무척 어색할 것이다. 나도 처음엔 무척 어려웠다. 책 읽기 좋아하고 시 쓰기를 좋아했던 시절, 나의 생각을 적는 것은 그리 어렵지 않았다. 하지만 감사를 모르던 나는 감사일기를 구체적으로 적으라고 하는데 무엇을 적어야 할지 몰랐다. 아이들이 걸음마를 배울 때 첫걸음을 떼는 것이 어려운 것처럼 감사일기를 쓰는 것도 그럴 것이다. 그냥 해보는 것이다. 10분의 투자로 말이다.

감사일기는 나의 마음을 풍요롭게 한다. 내가 주면 줄수록 행복이 채워진다. 힘들수록 더 많이 감사하고 나누기 시작하라. 고개를 들어 주변을 한번 둘러보아라. 내가 감사할 단 한 가지라도 찾을 수 있는 사람은 행복한 사람이다.

매일 감사일기를 쓰는 습관은 어떤 상황에서든 감사할 수 있는 힘을 기를 수 있다. 감사일기 쓰기에 대한 방법에 대해 궁금한 사항들이 많다. 하지만, 특별히 방법에 구애받지 않아도 된다. 자기가 원하는 노트나 휴대폰, 노트북의 형태에 기록하면 된다.

감사일기를 쓰는 요령은 거의 비슷하다.

1. 매일 쓰자.
2. 주변의 모든 일에 감사하자.
3. 구체적으로 작성하자.

4. 긍정문으로 쓰자.

5. '~ 때문에'가 아니라 '~ 덕분에'라고 쓰자.

6. 마지막은 '감사합니다'로 마무리하자.

7. 감사요청일기도 써보자.(내일 또는 미래에 대한 꿈, 희망)

마음은 과거, 현재, 미래라는 단어를 모른다. 나의 생각 속에, 관념 속에 머무는 단어일 뿐이다. 나의 삶을 바라보는 관점에 따라 마음은 여러 형태의 감정들을 드러낸다.

매 순간 새로운 것들을 경험하고 어제의 내가 오늘을 사는 것은 아니다. 사후의 세계를 경험한 많은 사람들은 한결같이 말한다. "삶을 즐겨라! 그대 자신이 되어라! 가슴 뛰는 삶을 살아라! 여기가 천국이다! 생각이 전부이다! 일체유심조!"라고 말이다. 이 세상에 일어나는 모든 일은 결국 내 마음 세계가 펼쳐지는 것이다.

지금 당장 감사한다고 부정적 생각이나 정서가 사라지는 것은 아니다. 하지만 감사를 하면 심리적 안정감이 오기 때문에 변화를 가져온다. 감사일기도 하나의 훈련이다. 부정적인 생각, 감정으로부터 빠르게 전환하는 방법 중에 하나의 도구로 사용할 수 있다.

감사일기의 효력은 개인마다 차이가 있다.

1. 감사하는 습관이 형성된다.

2. 타인에 대한 배려나 관심, 애정, 사랑이 커진다.

3. 심리적 안정감과 행복감이 생긴다.

　나의 일상에 대한 감사로 긍정 마인드를 길러 부정적인 사건들이 발생할 때마다 마음을 긍정적으로 전환하는 창조적 능력을 발휘하는 힘이 생긴다. 흔한 얘기로 "긍정적으로 살아야 한다."라고 말한다. 하지만 우울한 감정이나 화나는 감정을 표현하지 않고 내 안에 억눌러 놓는다면 몸에 병을 불러오기 마련이다. 몸은 나의 생각과 마음을 반영하고 있기 때문이다.

　나는 경제적인 문제로 힘들 때 감사일기를 통해 내가 가진 돈에 대한 부정적인 감정들을 점검하고 인정했다. 돈도 인격체로 대해야 한다고 해서 돈의 흐름에 대해 존중하게 되었다. 현실에서 무시할 수 없는 것이 경제적 안정이다. 현대인 모두가 경제적 자유를 꿈꾸지 않을까 하는 생각을 해본다. 감사하는 마음을 갖는 것 자체가 삶의 풍요로움을 선택하는 것이다.

　어릴 적 지평선을 바라보며 '저 끝에는 무엇이 있을까?'라고 의문을 던지며 궁금해했다. 우린 신의 존재를 부인할 수 없는 존재들이다. 우리가 영적인 존재인 것을 이해하고 난 후 나는 모든 신을 존중하는 마음을 갖게 되었다. 나는 할 수만 있다면 단순해지려고 했다. 단순할수록 더 행복해지는 법을 깨달았기 때문이다.

내가 접한 수많은 책에서 감사일기를 통해 내면의 평화를 찾고, 작은 일에도 긍정을 발견하는 사람들이 수없이 많다는 것을 알게 되었다. 지금은 나도 나의 내면의 평화로움을 누리고 행복한 사람으로 풍요를 누리고 있다.

사람은 자기가 믿는 대로 세상을 보고 내 안에 있는 것만 보고 경험한다. 이제 하루 10분 투자로 기록한 감사일기로 마음의 행복과 풍요를 누려보자.

07

하루 3가지 감사 찾기

당신이 처해 있는 어려움의 가짓수를 세느라 당신이 누리는 축복을 놓치기보다는
당신이 누리는 축복에 이름을 붙이느라 세던 수를 잊는 것이 좋다.

– 멀트비 배브콕(작가이자 성직자) –

삶이 축복이라는 말을 어떻게 받아들이는가? 이 말은 나와 무관하다고
생각했다. 내 상황과 환경, 매일 일어나는 사소한 일들에 대해 무심코 지
나가는가? 당연하다고 생각하는가? 나는 둘 다 해당되었다.

내가 어렸을 때 들은 얘기가 생각난다. 엄마는 아주 어린 나이에 아빠
를 만났고 2남 1녀의 자식을 두었다. 그중에 나는 외동딸로 자랐다. 딸
하나라 예쁨을 많이 받은 기억은 있다. 하지만, 어린나이에 시집 온 엄마

에겐 유독 나는 힘든 존재였다고 한다. 오로지 엄마의 등에서만 살았다고 한다. 태어났을 때부터 나는 무척 약골이었다고 한다.

'이 아이가 살기는 할까!'라는 생각에 엄마는 내가 울든지 말든지 아랫목에 던져놓고 방치해놓았다고 한다. 너무 약해서 살아서 사람 구실도 못 할 것 같다고 했다.

그 이야기를 듣고 자란 나는 당연히 내 무의식에 저장이 되었던 것이다. 나는 자라면서 내가 참 쓸모없는 사람이라고 생각하면서 자랐다. 무심코 하는 말들이 한 사람의 인생을 결정짓게 한다.

나는 행복의 숫자를 세는 것보다 불행을 세는 숫자가 더 많았다. 축복, 행복, 기쁨과 같은 단어들은 내게 낯선 단어들이다. 사회적으로 성공한 사람들에게만 일어나는 일이라 생각했다. 나와 무관한 단어들이 이제는 나의 삶에 일부가 된 것이 기적이다.

심리학자들은 여러 연구를 통해 현재 상황에 감사한 마음을 갖는 것만으로도 행복지수가 올라가고, 미래를 낙관하게 되고, 스트레스와 우울증이 사라지며, 업무 능력도 좋아진다는 사실을 밝혀냈다. 그것만이 아니라 감사하는 마음을 갖는 것만으로도 우리 몸에서 다이돌핀이 생겨 항암 효과에도 탁월하다는 연구 결과가 나와 있다.

감사의 반대가 무엇이라고 생각하는가? 바로 불평 불만이다. 나는 늘 남과 비교하고 내가 갖지 못한 것에 불평 불만만 했다. 감사와는 반대적인 삶을 살았다.

감사를 실천한 후 내가 누리는 것이 참 많았다. 나는 아주 지극히 사소한 일들에 감사를 찾았다. 내가 살아 숨 쉬는 것만으로도 감사했다.

나는 다양한 직업과 심리상담사, 자연치유, 각종 단체의 마음 수련, 불교, 기독교와 같은 종교계에도 몸을 담고 생활하면서 건강을 잃고 후회한다는 사실을 깨닫게 되었다. 많은 사람들을 만나면서 내가 가진 발목 통증은 지극히 경미한 통증이었다.

마음 수련 중에는 우리의 죽음을 미리 준비하면서 유언장도 써보고 실제 관 속에 들어가 뚜껑을 닫고 잠시 체험하는 것도 있다. 그때 내게 주어진 삶과 나의 목숨이 소중한 줄 알게 되었다. "죽을힘이 있다면 더 열심히 살아라!"라는 말을 등대 삼으며 노력했다.

감사를 통한 나의 삶은 순간순간 올라오는 우울감과 좌절, 나의 한계를 느낄 때마다 나를 지탱하게 해준 말은 "이 또한 지나가리라."라는 솔로몬왕이 남긴 지혜였다. 또, 내가 죽음을 생각할 때마다 나를 지탱하게 했던 "네가 헛되이 보낸 오늘은 어제 죽은 이가 그토록 그리던 내일이다."라는 말을 통해 나는 세상과 나를 연결할 연결 고리들을 찾으려 했던 노력이 헛되지 않았다. 왜냐하면 내 삶에 감사의 축복이 찾아들었으니 말이다.

있는 그대로의 나를 사랑하게 되면서 내 삶의 작고 사소한 것까지 감사함으로 받아들였다. 자연이 주는 모든 것에 하나하나 감사를 표현했다. 자연이 주는 풍요로움은 나의 내면을 살찌우게 했다. 물질적인 여유는 차츰차츰 내가 생활에 어려움이 없을 만큼은 채워지기 시작했다.

감사할 것들은 무수히 많다. 자연, 건강, 가족, 시간, 집, 인간관계, 풍요, 인연 외에도 많다. 하루 3가지 감사 찾기는 이 중에서 찾아서 해보거나 이 외에도 자기가 감사할 분야를 정해서 하면 된다.

첫째, 나는 건강에 대한 감사다. 건강에는 마음과 몸이 있다. 한 가지 더 포함하면 영적인 건강도 있다. 감사가 어쩌면 너무 일상적이고 개인적이라 식상할 수도 있다. 하지만 내겐 내 생명과 맞바꾸면서 얻게 된 귀중한 선물이다. 개인적으로 여자이기를 포기해야 했고, 아이들의 엄마이기를 포기해야 했다. 건강한 마음과 몸이 있다면 무엇이든지 할 수 있다.

3년 전쯤 잠깐 간병인으로 알바를 한 적이 있다. 요양병원 중환자실에

서 명절 때 잠깐 한 일이었는데 그곳은 다양한 사람이 누워 있었다. 나이
와 상관없었다. 너무 이른 나이에 사고로 전신마비로 정신만 살아 있는
사람, 암 투병을 하는 사람, 치매. 대부분 자기 몸을 움직일 수 없는 사람
들이었다. 돈이 아무리 많고 누리는 삶들이 호화롭다고 하지만 건강을
잃으면 모든 것을 잃을 수밖에 없다.

　육체적 노동으로 인한 통증들은 한쪽의 근육들을 지속적으로 쓰기 때
문에 생기는 통증이다. 하지만, 그 외의 통증들은 생각과 마음에 관련된
문제들이 많다고 한다.

　삼성그룹 이건희 회장, 유명세를 날리면서 아름답고 매력을 뽐내는 연
예인들조차 피해 갈 수 없다. 마음 건강, 몸 건강, 영혼의 건강까지 이 삼
박자의 균형을 잘 맞추는 것이 자신의 삶에 대한 기본적인 예우가 아닐
까 싶다. 나는 그 짧은 경험으로 나는 건강에 대해 더욱 신경을 썼다.

　건강은 누구나에게 다 허락된 것이 아니었다. 감사의 첫 번째로 택한
것은 몸의 건강이다. 건강을 잃으면 모든 것을 잃어버리기 때문이다. 건
강 그 자체만으로도 우린 충분히 감사해야 한다.

　둘째, 관계에 대한 감사이다. 인간은 사회적 동물이다. 사회를 벗어나
서 우린 온전한 관계를 유지하기 어렵다. 나의 가장 취약한 점은 50평생

나와 관계 형성이 오래 지속된 사람이 없다는 것이다. 내가 남들과 어울리는 것이 싫어서 아예 만들지 않은 탓도 있었다. 직장 생활 하는 데는 크게 문제가 되지 않았고 그 외의 관계를 하지 않았을 뿐이다. 하지만, 어디를 가든 관계를 형성해야 하는 것이 사람으로서는 당연지사이다.

한 개인의 관계는 가정에서 시작이다. 학창 시절, 직장 생활, 동우회, 지역사회, 그 밖의 각종 단체까지 이어진다. 예전에 웅진다책 영업을 할 때 국장님이 하신 말씀이 생각난다. "사람과 사람 사이에 영업 아닌 것이 없다."라고 하셨다. 그만큼 모든 곳에선 관계 지연으로 연결되어 있기 때문이다.

그래서 나와 함께하는 이들에게 감사해야 한다. 부모, 자식, 남편, 아내, 그 외의 모든 관계에서 당연히 해주는 것은 없다. 내가 잘해야 상대도 잘하는 법이다. 내가 감사해야 상대도 감사한다. 내가 바라는 것이 있다면 먼저 주라는 말도 있지 않은가!

마음의 원리에선 내가 주는 대로 받는다는 말이 있다. 나는 감사를 통해 모든 것이 소중해졌다. 소리 없이 그물에 걸리지 않는 바람에게조차 나는 감사를 표현한다. 내 주변에 귀중한 사람들, 날 챙기는 사람들, 내게 '할 수 있다.'라고 용기 주는 사람들, 늘 옆에 있어서 당연하게 여겼던 가족들 모두 감사해야 할 존재들이다. 이제는 나와 함께하는 모든 인연들에게 시시때때로 고맙다, 감사하다, 사랑한다는 말을 달고 살게 되었다. 처음 만나는 분들에게조차 밝은 미소로 인사할 줄 아는 사람이 되었다. 혹 바쁘다는 이유로 감사의 인사조차 하지 못하고 계신다면 지금이라도 조금씩 아주 조금씩 표현하길 바란다.

셋째, 자연에 대한 감사이다. 자연은 우리 영혼의 쉼터와도 같다. 자연(自然)의 한자를 보면 스스로 그러하다는 뜻을 가지고 있다. 자연은 우리에게 그 무엇을 바라지 않는다. 무조건 적인 사랑을 베풀 뿐이다. 자연이 주는 많은 혜택을 우리는 공짜로 누리는 셈이다.

공기, 물, 햇빛, 바람 등 인간으로 살아야 할 기본 요소들을 제공한다. 요즘 지구 환경에 많은 관심들을 쏟고 있다. 그린 인플루언서의 활동들이 늘어나고 있다. 우리가 살아야 할 지구를 지키는 일에 작은 힘을 보태야 한다.

하루 3가지만이라도 감사한 일을 찾아 적다 보면 다양한 것에 대한 감사가 늘어날 것이다. 내가 전혀 몰랐던 것까지 알게 된다. 지금의 나를 아는 분들은 과거 내가 그런 사람이었다는 것이 상상이 안 간다고 한다. 나도 내 자신이 대견스럽다. 이렇게 지금 내가 누군가에게 감사에 대한 말을 하고 감사로 책을 쓰게 되었다는 사실이 꿈만 같다. 감사가 날 살리고 다시 태어나게 했다.

08

꿈을 이루어주는 감사일기 쓰기

삶을 황홀한 보물로 가득 채우고 싶다면
그 보물을 감상할 잠시의 시간만 내면 된다.

– 『내가 확실히 하는 것들』 –

혼자 노는 것에 익숙했던 내가 올해는 MKYU 514챌린지 새벽 기상 커뮤니티라는 틀 안에 들어갔다. 그렇게 연결된 개인 커뮤니티 '미라클모닝 포에버' 카페 리더로 활동하면서 지금까지 지속하고 있다. 너무나 자연스럽게 함께하는 하루 루틴이 되었다. 2021년 한 해는 내가 또 한 번 세상 밖으로 나와야 할 때였다. 나는 자연에서 생활을 즐기지만 필요에 의해 환경에 적응을 빨리 하는 편이다. 하지만 내면의 평정을 찾기에는 시간이 조금 걸린다. 세상 기준에 대해 마음의 갈등은 있지만 불편함을 감수하는 것은 내 몫이다. 감사를 통한 내면 정화는 가능했지만 몸이 한번 밸런스가 깨지면 멘탈도 흔들림이 있는 것은 당연하다. 그럴 때는 변화고자 하는 마음을 먹는 것이 중요하다. 지금은 함께하는 이들에겐 힘이 되는 "혼자는 빠르게 갈 수 있지만 함께하면 멀리 갈 수 있다."라는 말이 실감난다.

그 덕분에 나는 엄청난 꿈을 이루게 되었다. 내가 독자에서 작가의 꿈을 이루게 된 것도 감사일기를 쓴 덕분이다. 매년 적는 버킷리스트 역시 한몫했다. "종이 위에 쓰면 이루어진다."라는 말처럼 내가 적은 꿈들은 하나둘씩 날개를 달고 날아오르기 시작했다. 모든 것은 하나로 연결되어 있다. 내가 언제가 적어놓은 꿈의 목록들은 내가 영양분을 많이 주면 줄수록 현실에 빠르게 나타난다.

글을 쓰기 시작하면서 우연히 지난 일기장들을 들춰보게 되었다. 내가 대전에 내려와 무려 15번이 넘는 이사 때문에 남아 있는 일기장은 몇 개 없다. 잊었던 작가의 꿈을 이루게 되었던 것도 일기장에 끄적끄적 해놓은 글이 있었다는 사실에 놀랐다. 감사일기를 쓸 때랑 안 쓸 때는 확연하게 차이가 있다. 나는 일기장에 기록보다는 "감사합니다."라고 마음속 되뇌임을 더 많이 했던 특별한 나로 살 수 있었다.

"감사합니다."를 많이 한다고 해서 그 변화가 외적으로 금방 드러나지는 않는다. 하지만 하나 특징이 있다면 왠지 모르는 끌림이 있거나 언제나 긍정적인 부분이 표현된다.

지난 일기장들을 들춰보니 '정말 내가 이런 것도 적어놓았구나!' 하며 그때의 기억과 감정들이 떠오른다. 일기장에는 주로 내가 이루고 싶은 것들에 대한 정화의 글이 적혀 있었다.

살고 있는 집을 이사할 때, 교차로 신문에 광고를 내고 집을 찾는 사람이 없을 때, 새로운 직장을 옮길 때 등 여러 가지 나의 고민들이 적혀 있었다. 나의 일상에서 감사는 지극히 평범하다. 하지만 결정해야 하고 좋은 결과물을 얻으려고 할 때는 정화와 함께 감사일기를 좀 더 구체적으로 쓰기도 한다.

지금 내가 누리는 모든 것은 과거 나의 생각의 소산물이라는 말이 있다. 나는 어릴 때부터 조금 특별한 느낌을 경험한 적이 있다. 그 특별함은 지금도 여전히 내재되어 있다. 나는 내가 가지고 싶은 물건들이 필요해서 얻게 되면 그 순간 그 만족감이 떨어진다. 그 느낌이 강해서 나는 '나'의 좋고 싫음을 잘 표현하지 않는다. 그저 평정심을 유지하려고 한다. 그 평정심 때문에 좋은 것은 더 유지되고 싫은 것은 금방 사라지게 된다.

내가 적어놓은 일기장의 글들을 보면서 나의 옛 모습들이 떠오른다. 나는 마음공부를 시작하면서 과거에 대한 나의 추억들을 모두 버렸다. 지금은 어릴 때 나의 사진은 한 장도 남아 있지 않다. 3년 전 아버지께서 돌아가시면서 남겨주신 사진 몇 장이 전부이다. 외로움이 많고 정이 그리웠던 나는 쉽게 사람을 믿고 의지했다. 그러다 보니 언제나 상처를 받는 것은 나였다.

어린 시절 사랑을 충분히 받지 못했기 때문에 사랑하는 법조차 몰랐던 나이다. 나는 혼자 있는 시간에 시를 쓰는 것을 좋아했고 책을 읽는 것을 좋아했다. 우리가 흔히 묻는 '특기나 취미가 뭐예요?'라고 물으면 난 언제나 독서였다. 교회 생활을 할 때는 영유아 아이들을 가르치는 주일학교 선생님이기도 했다. 아이들을 위해 그림을 그리고 준비하는 그 시간들이 지금도 즐거웠던 추억으로 나의 기억 속 한 장면을 차지하고 있다.

나에게 특별함은 잘 모르겠다. 예나 지금이나 사람들이 하는 공통점은 나랑 얘기하면 마음이 편해지고 기분이 좋아진다는 얘기이다. 사람의 마음을 움직이게 하는 편안함이 나의 특별함이면 특별함이다.

학창 시절 동안 내게 유일하게 친구로 남아 있는 네 명의 친구는 고등학교 3학년 때쯤 형성된 친구들이다. 우리 사이에 의견 충돌이 생길 때마다 중재 역할을 했던 기억이 난다. 이미 그때부터 사람들을 편하게 하는 힘이 있었나 보다! 친구들 모임의 첫 이름도 '청사초롱'이라고 내가 지었다. 그렇게 서로 등불이 되어주는 친구가 되자고 다짐했던 것이 어느새 30년이 훌쩍 넘었다. 친구들은 늘 날 걱정했다. 평탄하지 못했던 나의 삶에 대한 자격지심 때문에 나는 지금도 친구들과 연락을 하지 않고 지낸다. 하지만 지금도 언제든 연락을 하면 만날 수 있는 친구들이다. 무소식이 희소식인 것처럼 어느 날 웃음 가득한 모습을 볼 것이라 생각한다. 만남이 기다려지는 친구들이 있다는 것이 행복하다.

나는 생각이 무척 많은 사람 중에 하나였다. 지금은 너무 생각을 안 하고 사는 것이 일상이 되었지만 말이다. 생각이 많아 다른 사람들의 말에 상처를 많이 받고 자랐다. 스스로에게조차 힘들게 할 만큼 자기 비난을 많이 했던 사람이다. 나의 행불행이 결국 나의 생각에서 비롯된다는 사실들을 받아들인다는 것은 쉽지 않았다. 나는 아픈 과거가 있었기에 마음공부의 길로 들어 설 수 있었고 감사를 배울 수 있었다. 나의 잘못된 관념과 신념들을 바꾸기 시작했다. 생각의 본질에 대해 이해하면서 명상과 정화를 통해 나는 나를 비우는 연습을 했다. 초기 단계를 넘어서니 나는 마음속의 찌꺼기들을 제거하는 시간들이 짧아지는 것을 알게 되었다.

나는 내가 누리는 것들에 대한 감사일기를 쓴다. 나의 세상은 나의 생각이 투영된 것이라는 사실을 받아들이면서 나는 단순해지기 시작했다. 초등학교 때 쓴 나의 일기장에는 그날 있었던 일들을 빼곡히 적었던 기억이 난다. 크면서 다이어리에 적는 일기는 짧은 글로 상황과 일들에 대한 글을 적었다. 마음공부 하기 전에는 삶 자체가 힘들어 일기를 쓴다는 것조차 힘들었다. "감사합니다."를 외치면서 감사일기를 쓰니 마음은 더욱 여유롭게 되었다. 사람이 늘 기분이 좋을 순 없지만 삶을 있는 그대로 받아들일 수는 있다.

나를 힘들게 하는 모든 상황과 사람들이 결국 나를 성장하게 하는 것이라고 받아들이기 시작하면 그것도 감사하게 여겨진다. 오로지 나의 관심사는 마음과 내면 공부였다. 그래서 내 삶의 전반적인 것이 수행하는 삶에 포커스를 맞추고 살았다.

작가의 꿈을 이루게 되면서 나는 다시 꿈을 꾸게 되었다. 베스트셀러의 성공을 꿈꾸어본다. 작가, 감사 멘토, 강연가, 코치가 되어 멋지게 성공하고 사업가의 꿈을 키워나가 성공하고 싶다. 또한 1인 창업가로 성공하여 나와 같은 꿈을 꾸는 사람들과 함께 성장하고 싶다.

나는 매일 아침 감사와 함께 하루를 시작한다. 나의 생각이 의식적인 감사를 하다 보면 주변에서 감사를 찾기 쉽다. 물 한잔을 마시는 것조차 감사한 일상에 들어간다. 아침에 의식이 돌아오는 그 순간 "감사합니다.", 오늘도 내가 새로운 아침을 맞이할 수 있음에 "감사합니다."라고 시작한다. 창 너머 들려오는 바람 소리, 새소리, 차 소리 등 어느 하나 새롭지 않은 것이 없다. 매일 듣는 것 같지만 그렇지 않다.

감사일기는 새벽 산책하는 시간조차 행복한 일상이 되어버렸다. 아침에 감사일기는 오늘을 살아내는 힘을 선사해주기도 한다. 1년, 2년… 몇 년에 걸쳐 나의 삶이 이렇게 많이 바뀌었다. 꿈꾸던 것들을 현실로 이루어냈다. "감사합니다."를 외치고 '감사일기'로 나의 마음을 표현한 결과이다. 오늘도 나의 성장은 계속된다. 한 걸음 한 걸음 나의 꿈을 향해 나아간다.

감사일기는 나의 꿈을 찾아 떠나게 하는 여행 가이드이다.

$$09$$

'감사합니다'로 마무리하라

감사를 표현하면 할수록
삶 속에 더 많은 기쁨과 풍요가 넘쳐납니다.

– 『옴니 : 자기사랑으로 가는 길』 –

　내 삶이 혼돈의 터널을 지날 때 휴렌 박사의 저서 『호오포노포노의 비밀』를 알게 된 이후 나는 지금까지 쭈욱 호오포노포노식 정화 방법을 사용했다.

　'미안합니다. 사랑합니다. 고맙습니다. 감사합니다.' 이 네 마디 단어를 사용한다. 감사일기를 쓰거나 삶의 문제가 생기면 난 늘 이 말들을 되뇌면서 나를 정화했다. 처음엔 이 말들을 전체 다 썼지만 지금은 '사랑합니다'와 '감사합니다.'로 마무리를 한다. 왜 그런지 아는가? 내가 그렇게 쓰는 이유가 있다. 호오포노포노는 하와이어로 호오[목표], 포노포노[완벽함]이며, 완벽을 목표로 수정을 하는 것, 즉 잘못을 바로잡는다는 의미라고 한다. 전통 방식과 모르나가 개발한 호오포노포노의 차이점은 뚜렷하다. 모르나는 한 개인이 신성 혹은 신의 지혜에 직접 연결하는 방법을 제시한다. 모르나는 자아를 우하네(Uhane: 어머니, 의식), 우니히피리(Unihipili: 아이, 무의식=내면의 아이), 아우마쿠아(Aumakua: 아버지, 초의식), 신성한 존재(Divinity)로 구분하고, 한 사람 한 사람이 자신의 내면에 있는 신성의 지혜와 연결하여 본연의 삶으로 돌아가는 프로그램이라고 말한다.

우리가 많이 쓰는 "감사합니다."는 어떤 식으로든 효과가 있다. 하지만 내가 하는 "감사합니다."는 이런 뜻을 내포하고 있기 때문에 나는 매번 나의 무의식을 정화해 본연의 삶을 찾아가는 여정을 함께한다고 생각한다.

호오포노포노의 정화를 알기 전에는 내 인생에 '감사'는 존재하지 않았던 것 같다. 어쩌다 한 번 내게 좋은 일이 있으면 그냥 하는 감사였을 뿐이다.

"오늘은 몸의 컨디션이 안 좋아 평소보다 조금 늦게 일어났다."

나의 감사일기는 그냥 이렇게 생각을 표현하는 글이었다. 그런데 감사를 알고부터는 아래와 같이 조금은 구체적인 감사함을 표현하게 되었다.

"아침에 눈을 뜨는 이 아침이 참으로 감사합니다.
내가 살아 있음에 감사합니다.
밤사이 호흡하고 편히 누워서 잘 수 있는 침대가 있어서 감사합니다."

이렇게 내가 느끼는 느낌과 현상에 대해 감사하기 시작했다. 그러면서 확실히 달라진 것은 마음에서 일어나는 불평 불만이 조금씩 줄어들기 시작했다. 지금은 당연히 처음 시작할 때보다 거의 없고 잠깐 올라오더라도 바로 사라지는 것이 일상이 되었다. 감사할 날들이 더욱 많아졌다.

혹, 1만 시간의 법칙에 대해 들어본 적이 있는가? 이 법칙은 하루 3시간, 일주일 20시간씩 10년 또는 하루 6시간씩 5년 동안 꾸준히 노력하면 전문가가 된다는 법칙이다.

우리는 보통 어느 한 분야에서 오랫동안 종사한 사람이거나 박사학위를 받은 사람을 전문가라고 한다. 하지만, 아무리 박사학위나 오랫동안 그 일을 경험했다고 해서 모두가 전문가라고 하지 않는다. 즉, 1만 시간은 그 분야의 최고가 되게 하는 힘이 있다.

우리가 전문가가 되어야 하는 이유가 무엇일까?

첫 번째 이유는 성공을 위해서다. 사람은 어느 한 분야에서 뛰어난 재능이 있다. 많은 사람들이 그 뛰어난 사람에게 도움을 요청한다. 요즘 방송에도 꼭 연예인이 아니더라도 여러 분야의 전문가들이 속출하고 있다. 그들의 얘깃거리가 더욱 흥미 있고 화제거리가 되고 있다. 이 모든 것은 매스컴에 나오는 순간부터 사람들에게 인정받기 때문이다.

두 번째 이유는 자신의 분야에서 전문가가 되면 미래의 걱정은 몇 배로 줄어든다.

만 번의 법칙은 우리 삶에 지대한 변화를 가져온다.

만 번·이상 반복은 우리 내면의 무의식에 새기는 것이다. 반복하다 보면 우리 무의식은 그것이 사실이든 거짓이든 무조건 사실로 받아들이는 힘이 있다. 만 번의 반복은 강력한 무의식을 해체하고 무의식 세계의 문을 열게 한다. 무의식의 문이 열린다는 것은 곧 내면의 우주로 통하는 문을 여는 것이다.

간절히 원하면 소원이 이루어진다고 말하지 않던가.

그래서 우리는 100번 쓰기에 도전하기도 하고 천 번, 3천 번의 절하기에도 도전하는 것이다.

나는 그 방법 중에 감사 천 번 외치기를 여러 사람들과 미니 챌린지를 열어 진행했다.

"감사합니다."를 하는 것만으로도 감동이 밀려온다고 하는 분들도 있었다. 우리가 하루 중 "감사합니다."를 50번도 하기 힘들다. 처음 미니 챌린지 감사 천 번 외치기를 할 때 어떤 분이 "그것을 왜 해?"라고 내게 반문한 적이 있다.

내가 하루 일상을 시작하거나 마무리할 때 "감사합니다. 사랑합니다." 를 반복적으로 되뇌는 것은 나의 무의식을 정화하기 위함도 있다.

우리는 흔히 감사할 이유가 있어서 감사하는 경우가 많다. 하지만 내가 연습했던 것은 무조건 "감사합니다."를 무의식적으로 외치는 것이었다. 이 방법을 따라 해본 분들은 감사가 주는 행복이 무엇인지, 그 묘한 감동이 무엇인지 알 것이다. 이러한 경험들은 직접 해보아야 체득되는 것이다. "감사합니다."를 숫자 세가며 하는 데는 이유가 있다. 우리가 하루에 5만 가지가 넘는 생각을 쉴 틈 없이 하기 때문이다. 바쁘게 움직이는 뇌를 잠시 쉬게 하여 그 빈자리에 감사의 파동을 넣기 위함이다. 자기 관리가 잘되고 행복한 사람은 하지 않아도 무관하다. 그렇지 않다면 한 번 따라 해보면 좋을 듯싶다.

감사일기로 나의 하루를 마무리하는 나는 행운아다. "감사합니다."를 알고 말하고 쓸 수 있다는 것은 축복이다. 하루에 평균 1,000번 정도 감사하다고 말한다면 10일이면 1만 번을 하게 되고, 30일을 한다면 3만 번을 하는 것이다. 하루에 1만 번을 한다면 하루 6시간은 해야 채울 수 있다. 그렇게 할 수 있다면 엄청난 변화의 소용돌이 속에 들어가 빠르게 변할 수 있다. 몇 년 전에 하루 1만 번을 10일간 해보았을 때 나는 나의 모든 환경을 재조정할 수 있었다.

직장, 환경, 돈, 인간관계, 사회적 위치까지도 바뀌게 되었다. 그것이 감사의 종자가 되어 지금까지 누리는 우주의 큰 축복을 받게 되었다.

나는 인간관계가 가장 어려웠다. 결국 인복이 없었던 사람이기도 했다. 그래서 늘 혼자 지내야 하는 외로움을 감수해야 했다. 하지만 지금은 모든 면에서 점점 좋아지고 있다.

감사일기 초기 시절에는 "감사합니다."를 100번씩 21일, 30일 기간을 정해 써보기도 했다. 쓰면 쓸수록, 되뇌면 되뇔수록 내 삶의 기적들은 고속열차처럼 내 눈앞에 펼쳐졌다. 감사를 알고 감사일기를 쓰고 긍정확언들을 적어가면서 나는 행복과 감동의 물결 속에 지내는 것이 일상이 되었다. 지극히 작은 일상이 소중해졌다. 오감으로 느끼는 모든 순간순간들이 내게 신비로움을 선사했다.

감사일기 속에 고마운 이도 적게 되었다. 늘 매년 나는 감사일기를 꼭 쓰자고 다짐한다.

감사일기의 가장 포인트는 마지막 구절을 "감사합니다."로 마무리하는 것이다. 그 이유는 감사에 대한 하루 일과를 구체적인 감사를 더 잘 표현하기 위해서이다.

4장

힘든 순간일수록 더욱 감사하라

나의 하루는 새벽 4시 30분에 감사로 시작된다

01

힘든 순간일수록 더욱 감사하라

감사하는 마음은 어떤 사실을 인식하고
해석하는 태도까지 변화시킨다.

－『소망을 이루어주는 감사의 힘』－

내가 살던 곳은 경기도 안성의 시골 과수원이었다. 나는 할머니, 할아버지와 지낸 시간이 많았다. 그래서 어린 시절 행복했던 기억이 없다. 언제나 혼자였던 기억만이 가득하다. 어릴 땐 잘 몰랐다. 부모의 소중함이 얼마나 큰지 말이다. 우리는 누구나 고아가 될 수 있다는 사실도 나이 마흔이 넘어서야 깨닫게 된 진리다.

지금도 생생히 기억나는 한 장면은 할아버지가 돌아가셨을 때다. 아무도 자지 않는 방에서 관에 누워 있는 할아버지를 받아들여야 했다. 그렇게 나는 첫 번째 죽음에 맞닥뜨리게 되었다. 그때는 잘 몰랐다. 삶과 죽음이 뭔지.

삶과 죽음에 대해서 우리는 얼마나 태연할 수 있을까? 우리의 의식세계가 높지 않으면 받아들이기 쉽지 않은 난제다. 내 나이 스물아홉 살. 열정적으로 살아도 모자라는 나이에 난 이혼이라는 상처를 입고 죄책감과 싸우고 있었다. 나는 나와의 고독한 데이트를 즐기는 순간을 맞고 있었다. 비로소 알게 된 '삶 그리고 죽음', '나타남과 사라짐'의 이면에 깔린 나의 존재를 마주 대하고 있었다. 그때 처음으로 만나게 된 감사는 단학을 통한 수련 덕분이었다.

단학은 나의 한계를 넘어서는 것, 에너지를 느끼는 것이다. 몸은 스물아홉 살의 옷을 입고 있는 어른이지만 어린아이처럼 그냥 해맑은 미소를 짓는 연습을 하는 것이다. 그러면서 나는 온 우주와 하나가 되는 쾌감을 느꼈다. 그리고 전국을 누볐다. 그때 가본 산 중에 경기도 김포에 있는 마니산이 생각난다. 등산의 열정을 뿜어내면서 많은 사람에게 인정받고 싶은 마음에 도전했던 5대 악산들도 있다.

누가 조언해준 것도 아니다. 나 스스로 그런 의식세계와 내면세계를 공부하는 단체를 찾았다. 그중의 한 곳이 단학선원이다. 수련 중 담력을 키우기 위해 서울 공동묘지를 12시에 돌아다녔다. 또한, 눈을 감고 뒤로 떨어지면서 죽음의 공포나 두려움에서 벗어나는 법도 배웠다. 단군의 기운을 받아보겠다고 빈 몸으로 설산이나 등산에 도전도 해봤다.

　나는 그렇게 힘든 시기를 나의 한계에 도전하며 넘어서는 연습을 했다. 열정적으로 단학 수련에 참여하면서 온 우주와 내가 하나라는 사실을 알게 되었다. 그것을 인정하기까지 시간은 걸렸지만, 단학에서 배우는 우주론들은 새로운 신비의 세계였다. 텅 비어 아무것도 없는 그 자리를 유지하게 하는 것은 다름 아닌 감사다.

　감사가 무엇이라고 생각하는가? 각자가 느끼는 감사의 감정은 다 다를 것이다. 감사는 신이 주신 선물이다. 신이 나에게 속삭이는 달콤함이다. 나의 존재를 알게 해준 평화로움이다. 내면에 두려움이 많은가? '감사'로 두려움이 사라진 자리를 경험해보라. 그 자리에 평화와 사랑이 가득함을 알게 될 것이다.

　나는 그 평화와 사랑 가운데서 두 번째 결혼을 선택했다. 무엇이든지 다 감당할 수 있을 것 같은 자신감으로…. 하지만 에너지가 같은 무리 속에서 했던 수련은 나를 온전한 삶으로 데려다주지 않았다. 임신했다는 기쁜 소식과 함께 찾아든 배우자 대한 실망감, 결혼을 선택한 데 대한 자기혐오가 나를 엄습했다.

　그래도 아이를 생각해서 최대한 그 선택에 책임을 지려 했다. 없는 형편에 태교하겠다는 일념 하나로 동화책을 읽었다. 그렇게 나의 삶을 받아들이면서 아이를 출산했다. 이루 말할 수 없는 감격과 기쁨은 잠시였다. 불행 중 다행인지 자연분만한 탓에 회복이 빨라 일찍 퇴원하게 되었다.

나의 감사는 그 자리에서 일시 멈추기 시작했다. 첫 만남에서 그는 나이 차이가 열 살 정도밖에 안 난다고 했다. 하지만 이혼하면서 열여섯 살의 차이가 난다는 것이 드러났다. 나는 출산 직후에 구원받았다는 믿음 하나로 교회에 헌신했다. 나의 믿음이 옳다고 여겼다. 갓 태어난 아이를 데리고 교회의 말씀, 봉사, 교제에 빠지지 않고 동참했다. 그러면서 하나님께서 '내게 이런 시련을 주시는 데는 이유가 있을 거야!'라며 나 자신을 위로했다.

나의 믿음은 이렇게 맹목적이고 무모했다. 아이가 열이 40도 가까이 오를 때도 교회에 나가 봉사를 했으니 말이다. 내가 하나님은 교회에 있지 않다는 사실을 인지한 것은 딸아이를 출산한 직후였다.

잘못된 믿음으로 인해 가정이 흔들릴 수 있다는 것을 내 삶이 증명했다. '교회 출석은 꼭 해야 한다. 교제에 붙어 있어야 한다. 하나님께 기도해야 한다. 봉사해야 한다. 십일조를 해야 한다.' 등등. 나는 그렇게 마음에 계속 짐을 얹어갔다. 구원을 받는다는 것은, 죄책감이나 죄의식을 덜어내는 것이다. 하지만 나는 해야 하는 것을 못 하는 것에 대한 죄책감을 마음에 쌓고 있었다. 작은 공장을 운영하고 있던 그 사람은 '언젠가는 될 거야', '이것만 터지면 잘될 거야.'라는 꿈만 가지고 있었다. 그 덕분에 나는 5억의 빚을 써보지도 못하고 지게 되었다.

지금도 생각하면 가슴이 먹먹해져 온다. 만 원이 없어 병원도 못 갔던 그 시절, 나눔이 미덕이지만 옷 하나 사기가 어려웠던 시절, 친정집 한 번 갈 때 늘 빈손이었던 부끄러운 손, 아이에게 사주고 싶은 건 많은데 못 사주었던 심정. 나는 삶에 점점 주눅이 들었다.

나의 불행은 예정된 것처럼 나의 삶 전체를 흔들었다. 바닥을 친 가계를 회복하기 위해 나는 영업을 시작했다. 밤낮을 가리지 않고 일했다. 그토록 눈에 넣어도 아프지 않으리라 했던 아이들에 대한 마음도 식어갔다. 그렇게 1년 반을 쉼 없이 달렸다.

그러던 어느 날, 이유 없는 다리 통증 때문에 더 이상 영업을 할 수 없었다. 병원에선 그냥 혈관 항생제만 줄 뿐이었다. 한 달 남짓 항생제 투여를 반복했다.

나는 교회를 나가지 않았지만, 하나님은 내 안에 계신다고 믿었다. 그때 나는 조용히 기도했다. 지금도 나는 은혜 찬송가를 들으면 눈물이 난다. 〈누군가 널 위해 기도하네〉를 수없이 듣고 위로받았다. '나에겐 반드시 좋은 날이 올 거야! 날 사랑하시는 하나님은 나를 버리지 않을 거야!'

라는 말을 되뇌었다. 지금도 유행가가 익숙하지 않은 것은 7년이란 세월을 교회에 헌신했기 때문이다.

그렇게 나의 빛을 잃어가면서 살고 있을 때, 단학에서 함께 수련했던 명사님이 날 찾아왔다. "아니, 유니 사범님 맞아요?" 그분의 첫 인사말이었다. 나의 모습이 예전과 많이 다르다고 위로해주었던 그 명사님 덕분에 나는 나를 찾으리라 결심했다.

신기하게도 나를 찾겠다고 결심한 순간, 마음 수련 기회가 주어졌다. 지인의 소개로 시작한 마음 수련을 하다 보니 감사와 사랑을 다시 찾을 수 있었다.

나의 장점이자 단점은 한 가지에 몰두하면 끝까지 간다는 것이다. 그렇게 나의 감사는 일시 멈춤에서 다시 주행하기 시작했다. 세상을 다 가진 것처럼 모든 것이 감사했다. 이유 없는 육체적 고통은 서서히 사라지기 시작했다. 그 후 나는 아이들과 어떻게든 이 어려움을 헤쳐나가야겠다고 다짐했다. 그렇게 내면의 평화를 찾으면서 나의 주행은 한동안 계속되었다.

감사는 내가 가장 힘들 때마다 삶을 지탱해주는 버팀목이 되었다. 감사는 신이 주는 유일한 선물이자 도구다. 지금 어려움이 있는가? 육체적 고통이 있는가? 관계의 어려움이 있는가? 그렇다면 나는 말하고 싶다.

가장 힘들 때일수록 더욱 감사하라고. 그러면 신이 주는 축복을 경험하

게 된다고.

02

감사는 있는 그대로 나를 인정하게 한다

사랑이란 자신을 존중하고 우리의 몸과 마음에서
일어나는 기적에 감사하는 태도이다.

- 루이스 헤이 -

나는 스스로 완벽하다고 생각하고 살았다. 완벽이 병을 부르고 분노, 두려움, 수치심, 죄의식, 두려움 등이 몸을 병들게 한다. 이러한 감정들은 다른 사람에게 비난의 화살을 돌리고 자신의 행동에 대한 책임 회피에서 생긴다. '밖으로 표출된 모든 행동은 나의 내면을 비추는 거울'과 같다. 병이 생겨 나의 자의식이 힘쓸 수 없을 때 온전히 나를 돌아볼 시간을 허용한다.

시간이 지나고 보면 얼마나 어리석은 주장이었는지 알게 되었다. 내 인생 전반이 무언(無言)으로 말하고 있다. 사랑받기 위해서 나를 버리고 상대에 맞추기만 하고 살았다. 평생 나와 함께 동거동락한 나는 바라봐주지 않았다. 오로지 외부에 있는 대상들에게 잘하려고 애썼다. 내 영혼이 상처투성이가 되어 있는지도 모른 채 말이다.

나는 비난하고 판단하고 불평하기를 멈추지 않았다. 겉으로 보기엔 표시가 나지 않았다. 나는 무한 반복 재생으로 생각했다. 그 덕분에 몸의 무기력과 통증으로 인한 고통을 감수해야 했다. 내 몸의 질병은 마음을 내려놓으라는 신호이다. 불교에서는 그것을 '방하착'이라고 하고 기독교에서는 '용서'라고 한다.

버스는 떠났다. 내가 손을 흔든다고 다시 돌아오지 않는다. 그럼 나의 과거에 대한 나의 생각은 어떤가? 내가 붙잡으면 본연의 자리로 돌아가지 못한다. 내가 붙잡고 있으니 내 몸의 질병으로 남아 있다는 것은 당연하지 않은가? 잠시 멈춰 숨 한 번 고르면 사라질 생각들을 붙들고 평생 지축이 흔들리도록 우린 붙잡고 산다.

『있는 그대로의 나를 사랑하라-치유』의 저자 루이스 헤이는 불행했던 어린 시절을 극복, 자기 자신을 사랑하고 인정함으로써 암이 완치되는 경험을 통해 자기용서와 사랑, 감사가 가장 큰 진리임을 깨달았다. 그녀의 지혜가 책 속에 담겨 있다. 그녀는 매일 아침 이 낭독문을 읽고 선언했다. 나도 한때 적고 쓰고 읽고 했던 선언문이다.

내가 살아가는 끝없는 삶의 한가운데에,

모든 것은 완벽하고, 온전하며, 완전하다.

그러나 인생은 항상 변한다.

시작도 끝도 없으며,

끊임없는 반복만 있을 뿐이다.

인생은 결코 멈춰 있지 않으며,

매 순간이 새롭다.

나는 나를 만드는 힘을 갖고 있으며,

이 힘은 내가 처하게 될 상황을 만들어 갈 힘을 내게 주었다.

나는 내가 원하는 대로 이 힘을 조종할 수 있으며,

이 힘을 가졌다는 사실에 기뻐한다.

인생의 매 순간은 새로운 시작점이며,

지금 이 순간은 지금 여기에 서 있는 나의 새로운 시작점이다.

나의 세상에서는 모든 일이 순조롭다.

　─『있는 그대로의 나를 사랑하라─치유』 중에서

2012년 10월 21일 내가 루이스 헤이의 책을 처음 선물 받은 날짜이다.

딱 10년이 되어가는 해이기도 하다. 나는 책을 읽을 때 언제부터인가 날짜를 기록하는 습관을 가지고 있다. 그때 당시 어느 세미나에 참석후 내가 선물 받은 책이다. 첫 만남이 기분 좋았다. 내면의 끌림을 통해 나는 루이스 헤이의 귀한 지혜를 만나게 되었다. 그때부터 루이스 헤이는 나의 영적 스승이자 나의 롤 모델이 되었다. 나는 루이스 헤이의 모든 책들을 사서 읽기 시작했다. 웬만한 책들은 소장하고 있다. 루이스 헤이, 디펙 초프라, 에크하르트 톨레 등 많은 영적 지도자들은 모두 한목소리로 외치고 있다. 있는 그대로의 자신을 사랑하고 인정하라고 한다.

우리는 집착이라는 것을 한다. 불교에서는 그 집착을 놓아버림을 통해 내면의 탐구를 시작한다. 있는 그대로의 나를 인정하고 받아들이는 연습을 통해 마음의 빗장을 여는 것이다.

우리는 이 세상에 올 때 누구나 다 목적을 가지고 태어난다. 각각의 영혼은 자기가 풀어야 할 숙제와 배워야 할 숙제가 있다. 그래서 이 지구를 '인생수업 학교'라고 한다. 우리는 모두가 스스로 존재할 수 있는 신과도 같다. 이미 온전하고 완전한 존재 그 자체이다! 다만, 태어날 때 신이 우리에게 준 망각의 기억 패턴을 주었기 때문에 그 수많은 전생을 기억하지 못하는 것뿐이다. 얼마나 다행인가! 모든 것을 기억한다면 미치광이가 아닌 이상 못 견딜 것이다.

내가 태어나서 자라면서 얻은 수많은 정보와 주입된 사회 관념으로 인해 지금의 내가 되어 있다. 그 관념들을 하나씩 걷어내다 보면 결국 우리 자신이 드러나게 된다. 누구의 자식, 누구의 형제자매, 누구의 엄마, 누구의 아내, 누구의 며느리, 어느 회사의 대표 등 수없이 많은 이름표를 달고 지금까지 살아왔다. 이 모든 것이 없다면 진정한 나는 누구일까?

그렇다. 아무것도 남지 않을 때 텅 빈 허공만이 존재한다. 그것이 나의 실체이다. 말로 표현이 어렵긴 하지만 내가 아는 선에서 표현해본다. 여기서 말하는 그 텅 빔은 생명 자체이기에 살아 숨 쉰다. 이것을 잘 설명해놓은 것이 현대과학의 양자물리학이다.

지금 나의 몸이 보내는 신호를 알아차려라. 그것은 내 영혼의 속삭임이기 때문이다. "나 여기 있어! 나 좀 봐주면 안 되겠니? 나는 너의 사랑이 필요해! 나 좀 도와주지 않을래?" 등 수없이 많은 메시지를 담아 신호를 보내고 있는 중이다. 이 몸의 주인이 내 안의 작은 나를 봐주길 바라는 마음에 도와 달라고 요청하는 것이다.

내가 있어야 세상이 존재한다. 내가 있어야 가족이 존재한다. 내가 있어야 지키고 싶은 것을 지킨다. 지금 잠시 쉰다고 모든 것이 사라지지 않는다. 그러니 잠시 멈추고 자기 자신으로 돌아가는 연습을 하길 바란다.

우리 옛말에 "소 잃고 외양간 고친다."라는 속담이 있다. 육체의 나이는 중요하지 않다. 우리의 영혼은 잉태되는 것만으로도 자기 목적 달성을 다했기 때문에 본래의 자리로 돌아가는 경우도 있다. 그러니 부디 자기 몸을 보살피고 있는 그대로 인정해주었으면 한다. 바쁘다는 이유로, 아직은 괜찮겠지라는 이유로 미루지 않았으면 좋겠다.

무엇이든지 때가 있다고 한다. 벼가 익으면 추수해야 하는 때가 있듯이 우리 인생에도 타이밍이 있다. 이 타이밍 조절을 하는 것은 누구일까? 바로 나 자신이다. 감사는 그런 힘을 내게 하는 원동력이다.

혼자서는 두려워서 아무것도 할 수 없었던 나이다. 한 발자국 떼기조차 힘들었던 나이다. 혹 과거의 나처럼 지금 인생에서 그런 경험을 하는 분들이 있지 않은가? 그렇다면 자신을 믿고 따라 해보라. 자신을 믿는 믿음과 신뢰, 자기를 사랑하는 자애심, 이 3가지만 있다면 시작할 수 있다. 나도 해냈다. 당신도 해낼 수 있다. 세상으로부터 사랑받는 것은 쉽다.

내가 먼저 세상을 사랑하면 된다. 감사가 있는 곳에는 늘 인정이 있다. 기쁨이 있고, 풍요로움이 있다. 바닷물을 내 안에 담으려면 어떻게 해야 하는가? 맞다. 나라는 작은 틀을 깨고 바닷물과 하나가 되는 것이다.

인생은 마라톤이라고 한다. 나의 인생 마라톤에 감사를 실천하자. 있는 그대로의 나를 사랑하자. 그 순간부터 받아들이고 인정하게 된다.

만약 당신이 감사를 선택한다면 기적은 당신의 선물이 될 것이다. 단, 환경이나 나이는 중요하지 않다. 당신의 강한 믿음과 신뢰 그리고 감사만 있으면 된다. 그렇다면 당신도 할 수 있다.

지금부터 'JUST DO IT'이다.

감사는 치유를 촉진한다

감사는 이 세상에 존재하는
가장 위대한 치유사입니다.

- 『옴니 : 자기사랑으로 가는 길』 -

이유를 알 수 없는 통증으로 자연치유를 접했을 때의 일이다. 마음 수련을 마치고 나오니 잠시 멈춰 있던 나의 발목 통증은 재발했다. 마음 수련 단체에서 알게 된 도우의 도움으로 대전에 자연치유하는 곳이 있다고 했다. 소개받은 곳으로 나는 치료를 받으러 갔다. 그때 처음 접한 사혈요법은 신기했다. 병원만 의지했던 나는 이것만이 나를 치료할 수 있다는 믿음으로 치료를 받았다. 의심 없이 받아들인 결과 효과는 무척 빠르게 나타났다.

나는 마음의 원리와 참 '나'에 대한 공부를 지속했다. 빛 명상을 통해 1개월을 꾸준히 치료하니 약을 먹지 않고 낳을 수 있었다. 치료 효과가 좋아 나는 사혈요법을 배우기로 했다. 가장 중요한 혈자리를 배워가면서 나 스스로 사혈을 해가면서 나는 마음치료에 대해 더욱 적극적으로 공부하게 되었다. 그때부터 나는 몸과 마음을 치유하는 치유가가 되겠다고 결심했다.

나는 대전으로 올 때 무일푼이었다. 겨우 차비 정도만 있었을 뿐이다. 내 몸을 치유하는 조건으로 무보수로 있으면서 자연치유 숍의 청소와 관리를 맡았다.

그곳에 오는 사람들은 하나같이 병원에서 치료를 받다가 더 이상 효과가 없는 분들이 주 고객이었다. 하지만 이곳에 오기만 하면 그분들은 치료가 되었다. 치료하시는 원장님도 마음의 원리를 이용해서 치료했고 사혈은 보이기 위한 행위에 불과했다. 여기서 나의 주특기가 또 발휘되었다.

알아차렸을지 모르겠다. 나는 한번 마음먹고 배우기로 한 것은 끝까지 가본다고 한 적이 있다. 이 자연치료의 매력에 빠지게 되었던 것이다.

자연치유를 통해 나는 다양한 부분에 관심을 갖게 되었다. 한의사 최인원 원장님이 운영하는 감정치유요법인 EFT 기초 과정을 수료했다. 타로를 통한 사주 공부도 이때 기초 과정을 수료했다. 나는 대전에서 서울로 다니면서 배웠다.

나는 배운 대로 내게 일어나는 부정적인 감정들을 최인원 님의 저서 『5분의 기적 EFT』, 『나는 왜 하는 일마다 잘되지?』, 『EFT로 낫지 않는 통증은 없다』 등을 다독했다.

나에겐 오래된 번데기 알러지가 있다. 20대에 미용사로 일할 때 겨울에 번데기를 먹고 심하게 알러지가 생겨서 결국 병원 치료에 일주일을 고생했다.

그 이후 20년이 넘게 가려 먹었다. 어느 날 속리산에 갔었다. 들어가는 입구에 번데기가 있어 무심히 사 먹었던 것이 화근이 되었다. 세월이 흘렀는데도 사라지지 않고 다시 나타나는 것을 보면 우리의 과거의 기억들이 얼마나 내 삶에 영향을 주는지 알게 된 계기였다. 한참 EFT 배우기에 열심이었던 나는 정말 나을 때까지 경혈 타점을 두드리고 확언을 했던 것 같다. 새벽이 되어서야 나의 온몸을 덮었던 가려움증은 씻은 듯이 사라지고 흔적도 찾기 힘들었다.

모든 치유법은 각자에게 적용되는 시점이 다르다. 하지만 받아들이고 적용하는 의지만 있다면 가능하다. 강한 믿음과 신념만이 모든 것을 이루게 한다.

도파민, 옥시토신, 엔도르핀, 세로토닌이라는 호르몬이 있다. 이것은 행복 호르몬의 4형제라고 불리기도 한다. 각각의 호르몬들은 다음과 같은 역할을 한다.

첫째, 도파민은 만족 성취감을 느낄 때 받는 행복 호르몬이다. 이것은 음식 섭취, 목표 달성, 주어진 일의 성취, 스스로를 돌보는 셀프 케어로 생성된다.

둘째, 옥시토신은 인간관계에서 오는 친근한 사랑 호르몬이다. 이것은 사교적인 활동, 신체적 접촉, 동물들과의 접촉, 타인 돕기 등으로 형성된다.

셋째, 엔도르핀은 재미와 웃음 속에서 느끼는 진통제 같은 호르몬이다. 이것은 운동하기, 음식 먹기, 영화 보기, 웃기 등으로 효과를 발휘한다.

넷째, 세로토닌은 편안한 마음에서 오는 감정 균형의 호르몬이다. 이것은 자연과 함께하기, 마음 챙김, 명상 등으로 주어진다.

이 호르몬들은 정기적인 운동과 생활 속의 습관으로 호르몬 분비 조절을 촉진한다. 네덜란드, 독일 벨기에의 공동 연구는 운동이 세로토닌 수

치를 높이고 뇌 유래 신경 영양인자의 활동을 촉진한다는 결과를 발표했다.

　우리말에 강녕(康寧)은 건강을 의미한다. 즉, 신체 오복이란 강녕을 뜻한다. 아무리 부유하다고 하더라도 건강이 없으면 아무 의미가 없다. 그러므로 어떻게 보면 부유한 것보다 더 중요한 요소가 아닐까 생각된다. 건강엔 육체적 건강과 정신적 건강이 있다.

　나는 여기에 영적인 건강까지 포함하고 싶다. 몸은 외상이 생기거나 골절이 되는 경우 병원에 가서 소독약을 바르고 깁스를 해서 치료하면 된다.

　나의 생각으로 인해 상처받은 마음은 어떻게 치유해야 할까?

　감사하는 마음 또한 마찬가지이다. '감사합니다'를 외치는 순간 우리의 몸은 치유를 촉진한다. 감사는 몸을 치유할 뿐만 아니라 마음 또한 치유를 촉진한다.

　그렇다면 나의 생각으로 인해 상처 받은 마음은 어떻게 치유해야 할까? 마음도 치유가 필요한가? 이런 의문을 가지고 있지는 않은가?

　몸은 외상이 생기거나 골절이 되는 경우 병원에 가서 소독약을 바르고 깁스를 해서 치료하면 된다. 그렇다면 나의 생각으로 인해 상처 받은 마음은 어떻게 치유해야 할까!

그것은 있는 그대로의 나를 인정하고 사랑하기 시작하면 된다.

우리는 사랑받기 위해 태어난 존재이다. 내게 주어진 환경, 부모로 받은 관념, 사회적 이해관계로 인해 편견들만 배워왔다. 누구도 진정한 자신을 사랑하는 법은 가르쳐주지 않는다. 처음 감사를 시작할 때 나는 무척 헤매었다. 나를 사랑하라는데 그것이 무엇인지 몰랐다. 나는 감사를 통해서 조금씩 나 자신을 사랑하는 법을 배우게 되었다.

서서히 내 건강은 회복되었다. 자연치유를 통해 나는 우리가 알고 있는 병명은 결국 내가 받아들인 병이라는 사실을 깨달았다. 어느 날 내 갈비뼈 주변으로 띠를 두르는 작은 수포가 생긴 적이 있다. 나는 내가 배우는 이 자연치유에 엄청난 확신을 가지고 있었다. 작은 수포들은 어느새 내 배를 덮었다. 모든 신경이 끊어지는 통증을 동반했다. 하지만 병원은 가지 않았다. 우매하리만큼 무조건 '시간이 지나면 낫겠지!'라는 생각에 내가 배운 모든 자연치유법을 동원해 치료하기 시작했다. 그 후 한 달이 지나자 자연스럽게 사라졌다.

훗날 그 수포와 통증을 유발한 것이 다름 아닌 '대상포진'이라는 이름을 가진 병이었다는 것을 알았다. 아마도 내게 믿음이 부족했다면 불가능했을 것이다.

내 인생에서 이젠 "감사합니다."를 한순간도 빼 놓을 수 없다. 무수히 많이 엎어졌다 일어나면서 체득한 감사이기 때문이다. 나와 인연되는 분들에게 "감사합니다."를 외쳐보라. "신기한 일들이 생겨요."라고 권면하면 "그것을 어떻게 그렇게 해요. 해보니 잘 안 돼요. 감사하면 좋은지 아는데 나랑은 안 맞아요."라고 답하는 사람이 대다수다. 전 세계의 1%만이 부를 누린다고 한다. 그들의 성공 비결은 행동이다. 감사 역시 그런 것 같다. 행동하지 않으면 삶의 기적을 발견하기 어렵다.

감사의 이로운 점은 어디를 찾아봐도 많다.

내게 감사란?

'감사'는 신비한 경험들을 하게 하는 고마운 도구이다.

'감사'는 나를 안전한 곳으로 안내한다.

'감사'는 치유를 촉진한다.

'감사'는 나에게 최적의 환경으로 이동하게 했다.

'감사'는 인간관계 형성을 돕는다.

'감사'는 내면의 평화를 유지하게 한다.

호오포노포노에 보면 평범한 돌 하나로 불치의 병이 치유된 사례가 있다. 단지 고마움을 표현하고 감사를 표현했을 뿐이다.

감사하기를 행동하면 각자의 삶의 균형을 빠르게 재정립할 수 있다.

웨인 다이어의 저서 『행복한 이기주의』에서 진정 행복한 사람은 철저한 이기주의가 되라고 한다. 얼룩진 자아상을 가지고 산 나는 '어떤 것이 진정 행복하게 사는 것인가?'에 대한 의문이 많았다. 그 질문을 통해 '감사'를 만났고 평생 나를 따라 다니던 발목 통증은 이제 나와 결별하게 되었다. '감사'는 내 몸의 치유를 촉진했다.

어떤 것이 진정 행복하게 사는 것인가? 마음 수련을 하는 사람들은 누구나 생각의 집착이 쉽게 떨어져 나간다는 사실을 안다. 생각이라는 것은 결국 허상과 같다는 것을 인정한다.

04

감사는 힘든 순간을 넘기는 새로운 기회

감사는 힘든 시기를 큰 상처 없이
잘 넘기게 해주고 삶을 풍성하게 만들어준다.

− 뇔르 C. 넬슨(작가) −

어느 날 우연히 단학 수련을 하게 되었다. 처음 해본 단학 수련은 너무 신비로운 체험이었다.

수련은 진정한 내가 누구인지, 진정한 행복이 무엇인지, 내가 어떤 존재인지 등 나의 깊은 내면을 탐구하게 했다. 나에 대한 새로운 생각을 하면서 자아탐구에 대한 책을 수십 권을 읽었다. 나를 찾는 나 홀로 여행이 시작되었다.

영동, 성남, 천안을 수시로 다니면서 자연과 함께 노는 법을 배우기 시작했다. 태백산, 소백산, 북한산, 마니산, 칠갑산 등 각 지역의 산들을 돌아다니게 되었다. 어떻게 그 많은 산들을 아무 장비 없이 다녔는지 지금도 의문이다.

나는 자연에서 어린아이처럼 해맑게 웃는 법을 배웠다. 얼마나 각박하게 살았는지 웃는 것도 잊어버렸다. 웃는 것조차 돈을 내고 배웠다는 것이 지금은 웃음만 나온다. 덕분에 난생 처음 나란 존재에 대해, 행복이 무엇인지 발견하게 되었다. 수련을 통한 나는 맑은 기운으로 한동안 살수 있었고 여기서 처음으로 감사를 배우게 된 것이다.

감사는 힘든 순간을 넘기는 새로운 기회를 제공한다.

내가 지금 해결해야 할 힘든 순간들이 있다면 감사를 통해 넘어가보라. 내가 아는 지식으로 해결이 안 되는 지혜가 열린다. 우주는 내게 더 좋은 것을 주기 위해 대기하고 있다.

내가 감사를 통한 마음의 통로만 열어준다면 말이다. 모든 만물이 나와 하나로 연결되어 있었다. 내가 바라보는 것만으로도 마법을 부리는 것 같았다. 수시로 자연과 대화하고 좋은 사람들과 즐기는 법을 배우게 되었다.

내 아픈 상처를 달래기 위해 시작한 수련은 내가 세상을 보는 관점을 바꾸게 했다. 나는 극한의 두려움으로 살아야 했다. 차츰 세상을 대하는 방식이 달라졌다. 나는 극심한 내성적인 성격의 소유자였다. 사람들 앞에 나가 얘기도 못 하고 노래방에서 노래 한 곡 못 불렀다. 그런데 신기하게도 나는 그 많은 것들을 하게 되었다.

누구보다도 열정적으로 노는 법을 배웠다. 나에게 세상은 더 이상 두려움의 공간이 아니었다. 비싼 수업료를 내야만 배울 수 있는 기회였다. 내 인생을 통째로 넘겨준 배움이었다. 이 세상의 모든 존재와 나를 사랑하게 된 이후 완전히 다른 사람이 되었다.

인생을 긍정적이고 올바른 방향으로 이끄는 힘으로 감사만 한 도구는 없는 것 같다.

"감사합니다." 이 한마디가 나에겐 엄청난 기적을 불러오고 있었다. 좌절과 절망 속에서 무엇을 해야 할지 모른다면 무조건 '감사하기'를 하라. 처음엔 '이런 것이 무슨 소용이 있나!' 싶은 의문이 들 수도 있다. 감사를 하다 보면 위기가 기회로 변한다. 우리가 힘들다는 것은 우리 감정이 부정을 선택했기 때문이다. 감사하기에서 중요한 것은 나의 감정이다.

우리 삶을 결정하는 것이 감정이라고 해도 과언은 아니다. 내면의 감정이 그만큼 중요하다. 성공한 사람들은 힘들 때 자기감정들을 어떻게 관리 했을까? 우리가 너무나 잘 알고 있는 론다 번과 제리 힉스, 에스더 힉스의 말을 옮겨본다.

론다 번의 저서 『시크릿』에는 다음과 같은 내용이 있다.

"자신이 무엇을 생각하는지 알려면 자신의 감정을 살펴라. 감정은 자신의 생각을 곧바로 알게 해주는 귀중한 도구다. 생각은 주파수를 결정하고, 감정은 자신이 어떤 주파수에 있는지 즉시 알려준다. 기분이 나쁘다면, 나쁜 일을 더 많이 끌어당기는 주파수에 있다는 뜻이다. 기분이 좋다면, 좋은 일을 끌어당기는 주파수에 있다는 뜻이다."

제리 힉스, 에스더 힉스의 저서 『유쾌한 창조자 자각편』에서도 감정에 대해 이렇게 말한다.

"당신의 감정은 어떤 순간에 당신이 진동적으로 무엇을 하고 있는지를 알려주며, 어떤 것을 끌어당기고 있는지도 정확히 알려줍니다. 따라서 당신의 감정에 주의를 기울여가면서 의도적으로 기분 좋은 생각을 선택해갈 때, 당신은 자신이 바라는 소망의 주파수에 당신 자신을 진동적으로 일치시켜갈 수 있습니다."

이렇듯 우리는 감정으로 삶의 다양성을 경험한다. 매일 아침 시작하는 나의 기분과 감정에 따라 나의 삶은 달라질 수 있다. 성공의 열쇠이기도 하다.

"감사하기는 에너지를 전환하고 원하는 것이 더 많이 이루어지도록 하는 강력한 도구다."

— 론다 번, 『시크릿』

나는 학교 졸업 후 운전면허증을 땄다. 지금은 운전면허시험 볼 때 주행시험도 같이 본다. 내가 운전면허 취득할 때는 필기와 실기만 보면 면허증을 취득했다. 운전면허증을 받아온 첫날 나는 아빠의 자동차를 몰고 공터로 갔다. 혼자 겁도 없이 주행연습을 했다. 아무도 없는 공터에서 사람이 튀어나올 것이라곤 생각도 못 했다. 식겁했다. 서툰 내 운전이 자칫 한 사람의 인생을 망칠 뻔했다. 얼마나 놀랐던지 내 심장은 진정이 되지 않았다.

그 이후 8년이란 시간 동안 나는 운전을 못 했다. 그 두려움에서 벗어난 것이 "감사합니다." 훈련 덕분이다. 단학을 통해 건강한 자아를 형성해가면서 영원히 장롱면허로 묻혔을 나의 운전면허증은 세상의 빛을 보게 되었다.

인생에서 가장 절실할 때가 언제인가? 인생의 길은 모두가 다르다. 절

실함도 다르다. 나는 이혼을 두 번이나 하면서 가장 큰 죄책감에 시달렸다. 엄마라는 이유로 아이들과 헤어진 것이 내 안의 골방에 나를 몰아넣었다. 내가 힘들 때마다 운명 앞에 맞선 것이 아니라 회피하면서 우회했다. 그 책임은 고스란히 내 몫이었다. 지금 해결하지 않으면 그 문제는 원인으로 계속 남아 있었다. 내가 이렇게 감사의 예찬론자가 된 것은 내 인생의 가장 힘든 시기를 넘길 수 있었기 때문이다. 소원을 이루는 힘은 간절함이라고 한다. 나는 내가 살아야 하는 이유를 찾아야 했다. 미치도록 죽고 싶은 죽음의 사슬을 끊어버릴 수 있게 해주었다.

우리는 일상생활에 크고 작은 일들에 대한 만족을 맞이하는 순간들이 있다. 그럼에도 진정 고마워하지 못하는 경우가 많다. 반대로 힘들고 고통스러운 순간에 매달린다. 감사하기를 통해 내 안에 평화가 깃들고 나의 에너지를 높인다면 즐거운 마음에 머물게 된다.

누구나 인생의 우여곡절은 있다. 각자의 삶의 무게 또한 다를 것이다. 여자의 인생에서 가장 큰 성공이라 여겼던 결혼에 실패했다. 하고자 하는 크고 작은 일에 도전도 해보았다. 남들과 다른 경험을 했다고 해서 인생의 낙오자는 아니다.

나는 명상과 함께 정화를 시작했다. 그리고 늘 내 안에서 답을 찾으려

했다. 명상은 나의 마음과 생각을 차분하게 하는 효과가 있다. 명상이 좋은 이유는 여러 가지가 있다. 지금 혹시 선택의 기로에 서 있는가? 선택에 있어 망설이고 있는가? 그렇다면 명상을 한번 해보길 바란다. 다음은 마이클 싱어의 내맡기기 실험을 통해 얻은 효과이다.

마이클 싱어의 저서 『될 일은 된다』는 '나'의 좋고 나쁨에 따라 삶을 선택하지 않고 삶이 주는 대로 나를 내맡김으로써 더 많은 것을 얻고, 더 많은 것을 배우고, 더 많은 것을 깨달아가는 내맡기기 실험을 담은 책이다. 저자는 나의 애씀을 내려놓는 방법으로 명상을 택했다. 명상을 꾸준히 한 결과 본인의 의도와 상관없이 원하는 일, 성공, 돈, 명예 등을 모두 얻었다.

우리의 인생도 애쓰면 애쓸수록 안 풀린다. 오히려 잠금 해제를 했을 때 저절로 잘된다. 나 역시 그랬다. 나의 인생 전반을 실패로 몰아넣었던 것은 나의 애씀이 문제였다. 그 애씀을 내려놓고 나의 신념을 바꾸기 시작하면서 나의 삶도 저절로 풀렸다.

부처님 말씀에 '일체유심조'라는 말이 있다. 모든 것은 마음이 지어낸다는 말이다. 나의 신념과 믿음만이 나의 운명을 만들고 바꿀 수 있다.

감사와 명상을 다년간 연습한 덕분에 지금 나는 새로운 기회가 주어졌

다. 지극히 평범했던 내가 작가가 되었다. 감사는 이렇게 특별한 선물을

안겨준다.

05

감사는 소망을 이루어준다

감사는 과거에 주어지는 덕행이 아니라,
미래를 살찌우는 덕행이다.

- 영국 속담 -

한 개인의 작은 소망은 지극히 평범하다. 그 평범함 속에는 삶의 경험과 지혜가 담겨 있다. 나는 늘 혼잣말로 내 인생을 책으로 쓴다면 몇 권은 쓰겠다는 말을 했던 것 같다.

나와 같이 생각을 하고 공감하는 분들도 꽤 많이 있을 것 같다. 유명해서 TV에 나오는 성공자들이나 연예인은 아니지만 말이다. 나는 개인적으로 한 직장을 10년 이상 20년 넘게 다니는 분들에겐 남달리 존경을 표하고 싶다. 사는 것이 각박해서 무엇을 좋아하는지, 무엇을 잘하는지, 무엇을 하고 싶은지도 모르고 살아왔다. 너무 이른 나이에 결혼을 해서 나로 살아가기보다는 한 가정의 며느리, 아내, 엄마로 살아가다 보니 힘들었다. 세상의 기준과 늘 비교해서 난 내가 가진 장점을 보지 못하고 늘 불평만 했다.

내가 한 생각의 결과물로 내가 살아 왔다는 사실을 이해하는 데 많은 희생과 어려움이 동반되었다. 나의 관점, 감사하는 마음으로 변해가는 나의 인생 여정들이 신비로웠다.

엄마께서 생전에 내게 하신 말씀이 있다. "너는 네가 하고 싶은 거 다 하고 살아라." 나는 내 삶을 내가 생각한 대로 한 치의 오차 없이 살아왔다는 사실을 깨닫게 되었다. 그 삶이 행복인지 불행인지도 모르면서 말이다. 행복을 배우지 않았기에 행복을 몰랐다. 부정적인 사고의 패턴을 가지고 우당탕탕거리면서 살았다. 나의 현실은 나의 생각의 반영이라는 말이 있다. 정말 그렇다. 생각이 결과물을 만들고 나의 감정이 내 삶을 엮어간다는 것은 사실이다.

이지성의 『꿈꾸는 다락방』에서 우리는 각자의 삶을 만드는 영화감독이라고 한다. 시나리오도 내가 쓰고 연출도 내가 하는 것이다. 자기 삶의 감독이 되어 행복한 삶을 살기 위해 많은 분야의 책을 보았다. 나는 소망을 이루는 방법으로 감사를 택했다.

내가 다음 5단계를 실천하면서 내 인생의 감독이 되어 새로운 삶을 창조하기 시작했다.

1단계 : 변화시키거나 이루고자 하는 일을 선택하라.

2단계 : 소망을 이루기 위한 감정을 확인하라.

3단계 : 갈등을 일으키는 생각이나 믿음을 정화하라.

4단계 : 감사의 파동을 발산하라.

5단계 : 감사의 힘이 자동으로 작동하도록 행동하라.

1단계에서는 자신이 원하는 목표가 무엇인지 분명하게 정하라. 경제적 풍요를 원한다면 '나에게 많은 돈이 들어온다.'라고 구체적인 규모나 모습을 선택하라. 반드시 이루어진다는 믿음에 초점을 맞추어야 한다.

2단계에서는 소망에 진심을 다하여야 한다. 그것을 소중하게 여겨야 한다. 나의 강력한 믿음으로 감사를 표현한다. 소망을 확인하기 위해서는 원하는 결과의 끝에서 생각하고, 무엇이든지 할 수 있고, 얻을 수 있고, 될 수 있다는 생각을 한다.

3단계에서는 부정적인 생각을 긍정형으로 바꿔 적어본다.

현재의 생각과 믿음	변화된 생각과 믿음
나는 뭘 해도 안돼. 원래 그렇지.	나는 무엇이든지 잘돼. 나는 행운아야.
세상은 믿을 만한 곳이 못 돼. 돈을 벌려면 무조건 아껴야 해.	세상은 안전하고 좋은 곳이야. 돈은 쉽게 내게로 들어온다.

4단계 : 내가 가진 것, 누리는 것에 만족하기 시작하면 감사의 파동이 발산된다.

감사를 할 때 나도 모르는 의심, 두려움 등에 대한 감정들을 정화해야 한다.

5단계 : 감사에 집중하면서 명상을 통해 마음을 고요히 한다면 우주가 주는 메시지를 바로 알아차리고 거기에 맞는 행동을 하게 된다. 감사하는 마음과 나의 생각은 자석과 같아서 끌어당기는 힘이 작동한다.

이와 같이 감사의 5단계는 인간관계, 직장, 가정, 그리고 나의 꿈이 현실에 반영될 수 있도록 사용할 수 있다. 나는 지금도 나의 모든 삶에 적용하고 습관적으로 하고 있다.

나의 전반적인 삶의 모든 것이 감사로 넘실댄다. 그럼 무엇을 얻고 누리기 시작했을까? 나의 힘든 과거, 직장, 집, 아이들, 인간관계 모두 감사를 통한 선물이 되었다. 감사 파동의 물결이 칠 때 나는 원하는 것을 너무나도 쉽게 얻었다. 나의 전반적인 삶 전체가 감사로 넘실 댔다.

감사를 말하고 내 잠재의식을 믿었다. 이 방법들은 내게 결과물로 보답해주었다. 부정적인 에너지가 올라왔을 때 그 감정을 알아차리고 바라본다. 이것은 불교에서 하는 '알아차림' 명상이다. 감정이 올라왔을 때, 인정하고 바라보고 있노라면 잠시 머물다 사라진다.

이 방법은 연습하면 누구나 가능한 명상법이다. 내가 아무리 "감사합니다."를 입에 달고 다니지만 나도 그런 감정이 때론 일어나기 마련이다. 내가 또 하나 하는 방법이 있다. 언제나 미소 짓기를 하는 것이다. 나는 일찍부터 아이들에게 이 방법을 알려주었다. 어디선가 "절대 내가 화나 있는 모습을 상대에게 보이지 말라."라는 책 속의 한 줄을 본 이후로 쉬지 않고 말한다.

만나는 사람마다 내 미소가 아름답다고 말한다. 난 지금도 내 내면에서 힘듦이 올라와도 미소 짓는다. 스무 살 때부터 마흔에 욕심꾸러기로 늙지 않기로 결심하고 연습했던 것이 미소 짓기다. 내가 지금도 잘한다고 자랑할 수 있는 것은 '미소 짓기'다. 미소를 통해 얻은 교훈은 내 마음의 불편함을 내보이지 않음으로써 사람들이 내게 도움을 청하는 일들이 많아졌다. 나는 힘들어 하는 사람들의 고민 상담을 들어주었다. 그것을 계기로 나는 심리상담사 1급을 취득하게 되었다.

한때, 나 스스로 이 지구상에 이방인으로 살아간다는 강한 느낌 때문에 여러 사람과 어울리는 것이 어려웠다. 스스로 우물 안 개구리를 자청해 가면서 삶을 살아가니 행복을 모르는 것은 당연하지 않겠는가! 나는 내가 그렇게 자라서 나의 삶을 대물림하고 싶지 않았다. 보통의 엄마들처럼 아이들 성적이 중요하고 학원을 보내야 하는 것이 중요하지 않았다. 아들 녀석이 초등학교 시절 게임 중독에 빠져서 학교 결석이 잦았다. 그 덕분에 유급당하기 직전까지 갔다. 요즘 시대에 적어도 초등학교는 나와야 되지 않겠는가!(웃음)

그 아이를 학교의 틀에 넣으려니 나의 신념이 중요했다. 그때 당시 나도 감사 초보자였다. 나는 이 마음의 원리를 믿었기 때문에 과감히 믿고 실천했기에 가능했다.

나의 존재가 무엇인지를 알고 난 후 나는 세상의 기준이 아닌 자연 순리에 따라 아이를 대하기 시작했다. 아이들은 작은 체구에도 무한한 힘을 가지고 있다. 엄마인 나도 이기기 힘든 힘을 가진 존재들이기도 하다.

그것은 우리가 원래 그런 존재이기 때문이다. 나는 아이들에게만큼은 내가 범한 오류들을 줄여주고 싶다. 그래서 7년 전부터 아이들에게 끊임없이 말하고 있다. 다음 문구들을 아이들의 마음에 반복적으로 말해주고 있다.

아이들에겐 부모의 일관된 말과 행동이 중요하다. 소망을 빠르게 이루고 싶은가? 반복적으로 생각하고 끊임없이 되뇌어라. 감사는 나의 소망을 이루어준다.

나는 아이들에게 생각날 때마다 아래와 같은 말을 반복하고 기억하라고 말한다.

"너의 믿음이 너의 생각이 된다."

"너의 생각이 너의 말이 된다."

"너의 말이 너의 행동이 된다."

"너의 행동이 너의 습관이 된다."

"너의 습관이 너의 가치가 된다."

"너의 가치가 너의 운명이 된다."

"항상 미소 지어라. 행운이 너의 편이다."

"나는 억세게 운이 좋다."

이것을 자기 자신에게 말하라고 한다. 우리는 망각의 동물이기 때문에 끊임없이 알려주어야 한다. 자기 삶에 습관으로 자리 잡을 때까지 말이다.

내 인생의 주인공으로 살아간다는 것은 쉽지 않다. 내가 가진 관념을 넘어서기 전에는 더욱 어렵다. 나의 감정들을 정화하고 감사하자. 감사하고 상상한다면 소망은 현실이 된다.

소망을 꿈꾸는가? 감사하기를 멈추지 마라.

06

일상에 감사하며 특별한 나로 살아가기

인간의 가장 중요한 의무는 자신을 이해하고 내면에 잠재된 능력을 아는 것이다.
그렇게 자신의 진정한 가치를 깨닫게 되면 다른 사람의 가치도 인정할 수 있다.

- 스와미 묵타난다 -

아침에 눈을 뜨면 자동으로 내 가슴에서 "감사합니다."라는 말이 울려 퍼진다. 내 안에 자동녹음기가 설치되어 있는 것처럼 말이다. 우리가 엘리베이터 버튼을 누르면 나오는 멘트처럼.

내 일상을 감사로 물들이며 이런 특별한 나로 살아간다는 것은 정말 꿈같은 일이다. 나의 학창 시절엔 흔했던 말들 중에 '행복은 성적순이 아니잖아요.'라는 말이 있다. 흔히 공부 못하는 사람들의 비겁한 변명과도 같았던 말이다. 하지만 인생을 반쯤 살다 보니 정말 그런 것 같다.

학창 시절의 가장 큰 목적은 대학이다. 대학을 가기 위해 학창 시절 전부를 저당 잡히고 살아간다. 과거에도 그렇고 지금도 그렇다. 하지만 미래에는 어떻게 될까? 나의 어린 시절에 듣던 그 말들은 현재 증명되고 있다. 학교 다닐 때 지질하게 공부 못했던 사람이 특별한 계기로 책을 읽게 되어 인생 터닝 포인트가 되었다. 그래서 지금은 젊은이들의 성공 사례들이 많다. 저자이자 유튜버로 활동하고 있는 청년 사업가 드로우 앤드류처럼 말이다.

하루를 시작하는 것이 당연하다고 생각하는가? 아님 특별한 하루라고 생각하는가? 나 역시 당연하다고 생각했다. 너무나 당연함에 물들어 있었고 삶의 의욕조차 없었다. 그런 일상을 맞이하게 된 특별한 계기가 감사와 자연이다. 사람은 자연과 가까이 있을 때 한층 부드러워지고 느긋해진다. 나는 물질적 풍요보다는 내면적 풍요에 더 치우치면서 살았다.

현대인들은 도시에 사는 것이 익숙하다. 몇 년 전에 나는 시골집 세를 얻어서 1년 정도 생활한 적이 있다. 어릴 적 과수원에서 자란 것 말고는 나도 거의 도시에 살았다. 도시에 살면 여러 가지 편리한 부분이 많다. 일상에 필요한 편의시설이 많다는 것이 장점이 있다. 반면 자연이 주는 싱그러움과 평화로움은 느끼지 못한다. 마음공부를 하는 사람들 대부분이 산이나 시골에 사는 이유가 있다. 그래서 나도 시골에 살아보기로 결정했던 것이다.

직장을 다니면서 시작된 시골생활. 나름 재미도 있고 매일 새롭게 펼쳐지는 풍경들이 나의 내면을 살찌웠다. 하지만 혼자 힘으론 감당할 수 없는 일들이 많았다. 내가 잠깐 해본 시골생활은 농부에 대한 위대함과 존경심마저 갖게 되었다.

날마다 사소한 일들을 벌여가면서 내 삶에 가장 바쁜 나날을 보냈다. 시골은 봄, 가을이 가장 바쁜 철이다. 분꽃을 좋아하고 노오란 달맞이꽃을 좋아한다. 한들거리는 거리의 코스모스를 사랑한다. 내 인생에서 잠시 심한 마음이 흔들린 1년을 빼면 나는 언제나 새벽형 인간이다. 대체로 많은 사람들은 여럿이 하는 것을 좋아한다. 하지만 나는 등산을 하더라도 혼자 하는 것을 좋아했다. 나는 남들이 해보지 않은 것에 도전하면서 나만의 성취감을 만끽하는 것을 좋아한다. 소백산은 왕복 7~8시간이 걸린다. 그 긴 시간 홀로 묵묵히 자연을 벗 삼아 정상을 올랐던 추억이 아직도 생생하다. 혼자만의 여유를 한참 누릴 때이다.

시골의 아침은 일찍 시작된다. 하지만 나에겐 그 새벽 시간들은 황금 같은 시간이었다. 동트기 전에 산책을 하며 명상을 할 수 있었다. 만물이 깨어나는 시간들 속에 나도 깨어 숨 쉴 수 있음에 감사했다. 시골의 사계절은 바쁘다. 시기별로 곡식을 심어줘야 하고 거둬들여야 하는 수고로움을 방불케 했다. 봄에는 냉이 캐고 달래 캐고, 쑥을 뜯어 쑥개떡을 해서 주변 어른들께 나눠 드렸다. 시골하면 나눔의 미덕이 생각나지 않는가? 그 아름다움은 아직 살아 있는 정겨운 풍습이다. 나는 자연 음식에 관심이 많았다. 정과 만들기를 좋아하고 효소 담그기를 좋아한다. 대량 농사는 아니지만 집안 뜰 작은 텃밭에 상추, 쑥갓, 고추, 옥수수, 가지 등을 심었다. 심기는 열심히 심었지만 수확은 못 했다. 농사짓는 법을 몰라 실패했다.

처음 시골에 들어와 동네 어르신이 자기 땅을 내어주셔서 고구마를 심었다. 그 고구마를 수확하기 전까지는 아주 신나게 주말을 즐겼다. 회사 생활의 피로를 땅과의 친숙함으로 물들이며 살았다. 고구마를 수확할 때쯤 다리를 헛디뎌 인대가 늘어났다. 나의 농사 체험은 그것으로 끝이 났다. 나는 농사를 통해 얻은 지혜가 있다. 동네 이장님께서 "들녘에 곡식들은 농부의 발자국소리에 자란다."라고 말씀한 기억이 난다. 여기서 잠시 멈추어 생각해보기 바란다.

과연 '나의 마음은 무엇을 먹고 자랄까?'라고 생각해보자. 답은 간단하다. 우리는 하루에 수많은 생각을 한다. 결국, 마음은 나의 생각을 먹고 자라며, 나의 감정을 먹고 자란다.

감사가 내 일부가 되기 전에는 나는 생각이 많고 부정적인 감정에 휩싸일 때 다음과 같은 행위를 했다. 제일 먼저 절 운동 천 배, 야간 산행, 무작정 걷기, 풍류도를 통해 배운 한 자세로 서 있기를 한다. '안 되면 되게 한다!'라는 말과 같이 나도 마음만 먹으면 끝까지 해낸다. 사람은 때론 오기도 필요하다. 나는 지고는 못 사는 성격이다. 누구나 그렇듯이 나도 내가 필요하다고 생각한 것은 최선을 다해 성취한다. 하지만 불필요한 것에 대해선 포기하고 내려놓는 것도 이젠 쉬워졌다. 지금은 육체에 고통을 주지 않아도 감사하기를 놓지 않는다. 정화를 하고 있으면 저절로 일이 해결되는 경우가 많기 때문이다.

감사는 아주 사소한 일들을 특별하게 만드는 슈퍼 매직이다. 새의 아름다운 지저귐 속에서 하루를 시작했다. 아침에 창가로 들어오는 햇살은 나의 마음을 따뜻하게 해주었다. 이것들은 지극히 사소하고 너무나 당연함이다. 그 당연함을 나는 특별함으로 받아들이면서 나를 사랑하기로 결정했다. 온전히 나로 산다는 것은 나의 특별함을 인정해주는 작업이다. 내게 감사가 없었다면 이 모든 것을 누릴 수 없었다. 나의 마음은 행복의 호르몬이 흐른 덕분에 매 순간 모든 것이 축복이라는 것을 알게 되었다.

도시의 편리함을 멀리하고 시골의 불편함을 고수했던 나의 이유이기도 했다.

나는 환경이 바뀔 때마다 낯가림이 유독 심한 성격의 소유자다. 결벽증과 신경과민증에 가까운 사람이기도 했다. 나는 나를 주장해보면서 살아본 적이 없던 사람이다. 늘 누군가에게 맞추면서 살았다. 언제나 나보다는 남이 우선이었다. 너무도 당연하게.

사소한 것에 미소 짓기 시작하기 시작하면서 나의 삶은 달라지기 시작했다. 나는 수시로 자연을 향해 나를 내던지기 시작했다. 자연은 거짓말을 하지 않는다. 주는 대로 받는다는 원리는 여기에서도 해당된다. 자연은 나의 쉼터이자 놀이터였다. 무엇을 말하든 받아주었다. 엄마가 아이에게 젖을 주듯이 내게 그런 영혼의 양식을 채워주는 곳이었다.

우리는 모든 관계 형성에서 받으려는 마음이 존재한다. '내가 이만큼 했으니 너도 나에게 이 정도쯤은 해야지!'라는 마음이 이면에 늘 내재되어 있다. 나 역시 이루 말할 수 없이 옹졸한 조건부 사랑을 갈구했던 사람 중 1인이었다. 그것을 해체시킨 것은 감사와 사랑 그리고 정화이다. 위급할 때 우린 제일 먼저 신을 찾고 부른다. 왜 신을 찾게 되는 것일까? 하나님, 부처님, 알라, 모하메드 등 각자가 믿는 신을 찾는 이유가 무엇일까? 신은 내게 무조건적인 사랑을 주기 때문이다. 내가 그 어떤 망나니 같은 행동을 해도 말없이 안아주고 살아갈 희망과 용기를 갖게 하기도 한다.

나는 시간이 흐르면서 지극히 사소한 것에 감사한다. 물 한잔에 감사하고, 내가 쉴 공간인 집에 감사하고, 눈으로 보는 모든 것에 감사하고, 나의 이동의 자유를 주는 자동차에 감사하기 시작했다. 하지만 때론 불편한 진실을 맞이할 때도 있다. 그럴 때 그 불편함에서 벗어나는 데 사용하는 나만의 확언 세 마디가 있다.

"그럼에도 불구하고 감사하다.", "그렇구나!", "그럴 수 있지!"이다. 이 세 마디는 나의 부정적인 마음을 내려놓게 하는 묘한 마력이 있는 말들이다. 한번 직접 사용해보기를 바란다. 아래의 말들을 음미해보고 각자의 일상을 감사로 채우고 특별한 나로 사는 방법을 터득해보길 희망한다. 우리는 모두 특별한 존재 자체이다. 내가 나를 특별한 존재로 여기기 시작한다면 삶의 모든 순간이 나를 위해 존재한다.

"내 안에 사랑이 가득하면 사랑할 일이 생기고."
"내 안에 감사가 가득하면 감사할 일이 생기고."
"내 안에 기쁨이 가득하면 기쁜 일이 생기고."

"내 안에 행복이 가득하면 행복이 가득하고."

"내 안에 웃음이 가득하면 웃을 일이 생긴다."

　소소한 일상에 감사하며 나를 사랑하다 보면 특별한 나로 살아갈 수 있다.

07

삶을 변화시키는 감사기도

당신 인생의 단 한 번의 기도가 '감사합니다'라면
그것으로 충분하다.

– 마이스터 에크하르트 –

기도(祈禱)란 한자어로 빌 기(祈)와 빌 도(禱)이다. 빌고 또 비는 것을 말한다. 마음으로 바라는 것이 이루어지도록 비는 행위가 기도이다. 나는 새벽 4시 30분에 일어난다. 수행 시절 새벽 3시에 일어나 5시까지 염불과 기도로 시간을 보냈다. 그 자체가 명상이기도 했다. 새벽의 고요함을 온전히 느꼈다. 침묵 속에 흐르는 고요함은 이루 말할 수 없는 평화를 가져다준다.

우리는 소망을 이루고자 할 때 계획된 기도를 한다. 예를 들어 21일 기도, 백일기도, 천일기도 등. 그 중에 많이 도전하는 기도가 백일기도다. 그 기도를 시작할 때 많은 사람들이 새벽 시간을 이용한다. 불교에서는 이 새벽 3시~5시를 '인시'라고 한다. 이 인시는 하늘이 열리는 시기이다. 우주의 깨끗하고 신성한 기운이 지구로 내려오는 시간이다. 자정부터 천지의 기운이 음에서 양으로 바뀌고, 인시가 되면서 양 기운은 고조된다.

이 시간에 소원을 위한 기도를 하면 이루어질 확률이 높다고 한다. 우리나라의 유명한 탄허 선사, 나옹 선사들은 이 시간을 이용해 평생 참선 수행을 실천했다. 그래서 불교의 큰 스님들이나 성당과 교회의 목회자들은 이 시간을 가장 귀하게 여기고 있다. 새벽의 간절한 기도는 뇌세포의 활성화를 왕성하게 하고, 의식과 잠재의식의 차이를 넘나들게 한다.

세계적인 부호인 힐튼 호텔 창시자 콘래드 힐튼은 "매일 일관되게 열심히 기도하라. 기도는 늘 새로운 투자이다."라고 성공 비결을 말한다. 딱히 기도를 하지 않아도 그 시간을 이용해 우린 많은 것을 이룰 수 있다. 나를 위해 온전히 투자하는 시간이기도 하다. 나의 내면의 소리를 들을 수 있는 유일한 시간이기도 하다. 성공자들은 90% 이상이 이 새벽 시간을 이용해 성공을 이루었다고 한다.

나는 이렇게 기도했다.

오늘 하루를 시작할 수 있음에 감사합니다.

꿈이라 여기는 세상에서 매이지 않게 하소서.

내게 가장 아름다운 날들을 경험하게 하소서.

사랑하게 하소서.

나 없이… 존재 자체를 받아들이게 하소서.

삶이라 여기는 이 세상에서

사랑하며 살아가게 하소서.

나의 두 눈으로 볼 수 있게 하시는 세상에서

행복을 발견하게 하소서.

돌아간 이에 대한 원망이나 슬픔을

되뇌지 않게 하소서.

내 옆에 있는 인연들에게

감사하게 하소서.

용서하세요. 사랑합니다.

감사합니다. 행복합니다.

축복합니다. 유니야 사랑해….

어릴 때부터 유독 잠귀가 밝았다. 나는 부부싸움이 잦은 부모 밑에서
자랐다. 그런 공포와 두려움, 슬픔 등이 나의 삶을 온전히 살지 못하는

어른이 되게 하지 않았을까 생각한다.

오빠와 동생은 잠들어서 몰랐던 것을 나만 보고 듣고 자랐다. 나는 우울하고 슬펐다. 그래서 유독 혼자 있는 시간이 많았다. '나는 왜 이렇게 살아야 하나. 행복이란 무얼까? 과연 있기는 한 걸까? 저 하늘 끝에는 무엇이 있을까? 하늘의 구름처럼 자유롭고 싶다!' 등을 생각하며 자랐다. 나의 어릴 적 꿈은 선생님이다. 내가 중학교 시절 좋아했던 국어 선생님이 나의 롤 모델이었다. 자상했던 그 모습이 좋아서 나도 그런 선생님이 되고 싶었다. 그 꿈은 잠시 피어오르는 물안개처럼 사라지고 말았다. 사회 초년생이 되면서 먹고사는 것이 중요했다. 상고생으로 졸업을 했으니 취업해서 직장을 다니는 것이 우선이었다. 당연히 그렇게 살아가야 하는 줄 알았다. 감사를 알기 전까지는.

나는 남들 사는 것처럼 관념에 의해 살았다. 내가 생각한 대로 산 것이 아니라 사는 대로 생각하면서 살게 된 것이다. 나에게 감사는 신이 준 축복의 통로이자 선물이다. 내가 하는 감사의 기도는 구걸하지 않는다. 다만 있는 것에 감사하는 것이다. 각자의 종교가 있으면 신께 기도하는 것도 감사의 기도가 들어간다. 나는 온 우주의 내재되어 있는 만유의 신께 감사한다. 특별히 종교의 색을 띠고 싶지는 않는다.

사람은 각자가 믿는 신이 옳다고 여기기 때문이다. 많은 깨달은 영성

가들은 자기의 신념이 일으키는 영역에 대해선 모두 존중해주었다. 그것은 각 종교에서 말하는 하나님, 부처님, 알라 등으로 불리는 이름이 아닐까 싶다. 있는 그대로 인정하고 받아들이면서 내 삶은 완행열차로 옮겨 탄 것 같다.

나는 앞서 말한 바 있는 라마나 마하리쉬의 저서 『나는 누구인가』라는 책을 무척 사랑한다. 내 삶의 궁극적인 이유를 모르고 헤맬 때 내게 다가온 이 책은 나의 본질적인 참 나를 이해하는 데 도움을 주었다. 여기서 저자는 "일어나지 않도록 되어 있는 일은 아무리 애를 써도 일어나지 않으며, 일어나게 되어 있는 일은 아무리 막으려 해도 막을 수 없다."라고 말한다. 또, 마이클 싱어의 저서 『될 일은 된다』에서도 "일어날 일은 일어난다. 필연이여 일어나라!"라고 말한다. 더불어 휴렌 박사의 『호오포노포노의 비밀』은 지금은 애장 중인 책 중에 하나이다. 휴렌 박사가 소개하는 호오포노포노의 정화법은 삶의 아름다움은 진정한 나를 되찾는 데에 있다고 한다. 나는 이 3가지 책 덕분에 조금씩 삶에서 나 자신을 찾아가는 연습을 했다. 하지만 처음부터 나도 잘하게 된 것은 아니다. 앞서 말했던 인생 롤러코스터의 경험을 봐도 알 것이다.

웅진다책의 영업사원으로 입사했을 때의 일이다. 결혼 전 단학을 배울 때 한없이 맑고 밝았던 나의 모습을 떠올렸다. 강한 긍정의 힘을 다시 되찾기 위해 노력했다. 그때 마침 알게 된 것이 휴렌 박사의 저서 『호오포노포노의 비밀』이었다. 이 책을 통해 나의 부정적인 기억들을 정화하기 시작했다. 정화로 비워지는 자리에 '감사'를 실천했다. 영업에 영자도 모르던 나였다. 경단녀였던 나는 모든 것을 새롭게 배워야 했다.

그때나 지금이나 '영업'하면 사람들의 시선이 만만치 않다. 나는 생활비를 벌기 위해 영업을 선택했지만 쉽지 않았다. 영업의 단점이 기본급이 없다는 것이다. 매달 '0'에서 시작해서 내 급여를 가져가는 것이다. 국장님이 알려주신 영업 스킬에 내가 알게 된 정화 방법을 접목했다. 처음에 국장님이 시키는 대로 했다. 감사와 정화를 끊임없이 한 결과 신기하게도 나는 1년 가까이 매월 400~500만 원은 기본으로 가져갔다. 계약을 하고자 마음만 먹으면 계약이 되었기 때문이다. 짧은 감사의 힘은 놀라울 정도였다. 기쁨도 잠시 그렇게 매달 벌었지만 깨진 독에 물 붓기였다. 워낙 밑바닥 경제라 그렇게 벌어도 혼자 가계 부담을 책임지기엔 역부족이었다.

어린아이들을 아빠에게 맡기고 나왔는데 1년이 지나면서부터 나는 무언가 잘못되고 있다는 느낌이 들었다. 그때부터 나의 몸은 아프기 시작했다. 정화를 하고 감사를 하는 데도 내 삶은 곤두박질치고 있었다. 감사를 하기 이전의 삶보다 더 거대한 인생 블랙홀에 휘말리기 시작했다. 영업을 하면서 열심히 했던 '감사'와 '정화'는 내 인생에서 잠시 사라졌다. 내가 한 감사는 영업을 잘하기 위한 '감사'였다는 것을 훗날 알게 되었다.

진심으로 감사하는 법을 그때 알았더라면 지금 나는 무엇을 하고 있을까? 모든 것을 다 잃고 알게 된 진정한 감사의 의미를 알게 된 지금의 나는 매일 감사기도를 한다. 나에게 감사기도란 나의 호흡과 같다. 매일 새벽 눈을 뜨는 그 순간부터 저녁에 잠들 때까지 숨 쉬듯이 감사를 한다. 감사기도 덕분에 나는 지금 독자가 아닌 작가가 되어 글을 쓰고 있다.

2022년 1월 1일 MKYU 대학에 등록을 했다. 5시부터 시작한 514챌린지를 시작했다. 챌린지를 시작하면서 알게 된 '미라클모닝포에버' 카페에 가입하게 되었다. 감사쟁이란 닉네임으로 활동하게 되었고 카페지기가 리더 제안을 했다. 앞에 나서서 무언가 하는 것이 어색했던 나는 거절하지 못했다. 웹 3.0 시대를 준비해야 한다는 김미경 학장님 말씀대로 어리버리했던 나는 하나둘 나를 발행하는 것을 연습했다. 서툰 솜씨로 블로그, 인스타 등을 조금씩 만들고 있었다. 그중 동생 RR이가 "언니, 감사를 주제로 언니 글을 써보세요."라는 조언을 해주었다. 그 후 그 조언은 이렇게 나의 현실이 되었다. 나는 카페 활동을 하면서 감사 챌린지 리더로 활동하고 있다. 또한, 선한 영향력을 가진 16명이 모여 예비 사회적기업인 〈NOW〉라는 이름으로 자립준비청년을 위한 터전을 준비 중에 있다. 그곳에서 감사 멘토가 되어 감사가 삶을 어떻게 이끄는지 아이들과 함께 나누고 싶다. 아이들이 살아가는 세상이 두려운 곳이 아니라 행복을 누리는 곳이라는 것을 느끼게 해주고 싶다.

감사는 이렇게 삶을 변화시킨다. 예전의 나로서는 상상도 못 할 일들이 내 삶에 펼쳐지고 있다. 어떤가? 삶의 변화를 체험하고 싶은가? 당장 시작하라. 감사기도를.

08

감사가 주는 행복에너지 채우기

평화는 물질을 많이 소유한다고 오는 것이 아니라
내면이 충만해질 때 찾아온다.

− 헨리 밀러 −

나를 행복하게 하는 것은 아주 작고 사소한 일에 의해 일어난다. 작고 사소한 일은 무엇이 있을까. 조용히 혼자 있기, 새벽 기상과 함께 감사하기, 새벽공기 마시며 산책하기, 자연과 함께 명상하기, 혹은 들녘에 핀 들풀들을 바라보기, 흘러가는 구름 보기, 빗소리에 귀 기울기 같은 것을 말할 수 있다. 지극히 평범한 일상 그 자체를 말한다.

나는 넓은 곳을 보는 것보다 좁은 곳을 바라볼 때나 행동 범위가 큰 것보다 작은 것일수록 더욱 행복을 느낀다. 내가 넓은 세상을 향해서만 본다면 나의 욕망이 더 커진다. 그 욕망을 이루기 위해 끊임없이 걱정하게 되고 마음을 쉬지 않고 움직일 것이다. 내가 너무 가진 것이 없다는 자괴감에 나는 많은 인간관계를 스스로 멀리한 것 같다.

혼자만의 생각에 갇혀 번뇌 망상을 했다. 일어나지 않는 불운을 생각했다. 행복한 가정들을 보면 나와는 거리가 멀었다. 미운 오리새끼 중에 하나였다. 우리 엄마는 내게 똑똑한 척은 다하면서 어떻게 지지리도 못 사느냐며 헛똑똑이라고 푸념을 하셨다. 늘 안쓰러워하셨다.

나는 일가친척이 많지 않다. 작은아빠와 작은 엄마, 사촌동생들, 남동생이 전부이다. 나는 결혼을 해서 단 한 번도 기분 좋게 친정집을 간 기억이 없다. 늘 없는 형편 때문에 어쩌다 한번 가는 행사에도 빈손으로 가는 내가 싫었다. 그렇게 다녀오는 날이면 나는 어김없이 짜증을 내고 화를 내는 것을 반복했다. 사람은 무엇이든지 나눌 때 더 자존감도 높아진다. 그만큼 환경이 중요하다.

인생에서 세 번의 기회가 찾아온다고 한다. 나의 첫 번째 기회는 단학을 만난 기회이다. 두 번째는 마음 수련을 만난 기회이다. 세 번째는 감사를 만난 기회이다.

사람이 진정으로 혼자만의 시간을 즐길 수 있다고 생각하는가? 답은 아니다. 나 또한 그랬다. 가정이 있을 때 '내가 혼자가 되면 나를 위해서 살 거야!'라고 입버릇처럼 말했다. 하지만 혼자의 시간을 어떻게 쓰는지 배워본 적이 없기 때문에 당장 혼자만의 시간에 익숙해지지 않는다. 이 것은 행복한 사람이든, 불행한 사람이든 불변의 법칙이다. 자기 자신을 사랑할 줄 모른다면 가능하지 않다.

어릴 때부터 자아를 상실했던 나다. 착하게 살아야 한다, 정직해야 한 다, 양심적으로 살아야 한다, 말대답하면 안 된다 등 수없이 나를 억누르 면서 자랐기 때문에 나를 표현하는 것조차 힘들었다. 그런데 어떻게 나 만의 시간을 즐길 수 있겠는가! 어림도 없는 소리이다. 어떤 사람은 가족 이 단란하고 화목해서 별 문제 없는 사람들도 있다. 이런 사람도 아이가 자라 자기의 역할이 없어질 때가 되면 그제야 공허함을 느낀다. 또 어떤 이는 불행만을 경험하기 때문에 그 혼자만의 시간조차 불행으로 느껴지 기 때문에 여유를 모른다.

오시마 준이치의 저서『커피 한잔의 명상으로 10억을 번 사람들』에서는 "정직하고 양심적이며 친절한데도 불행하게 사는 사람, 뻔뻔스럽고 못된 사람인데도 의외로 잘사는 사람이 있지 않나요?"라는 질문을 한다. 또 "도덕적이고 양심적인 것으로 행복한 것은 아니다."라고 말한다.

우리 주변에도 그런 사람들이 있지 않나? 정말 훌륭한 사람인데도 평생 동안 행복을 누리지 못하고 결국 암이나 질병으로 돌아가는 분이 있지 않은가! 그토록 훌륭한 분이 어째서 행복한 삶을 누리지 못했을까? 이런 분들은 밝은 미래를 꿈조차 꿔보지 않았을 것이다. 내가 실천하는 감사는 옳고 그름의 차이가 있지 않다. 그냥 감사하면 감사함이 나오고 감사함이 나오면 저절로 미소가 생겨난다. 미소 짓는다는 것은 내가 행복하다는 증거이다. 행복하면 우린 기분 좋은 상상을 하게 된다. 그 행복에너지로 채워진 자리에 자기가 원하는 삶을 그리는 것이 상상의 힘을 발현하는 것이다.

행복한 삶을 누리려면 옳은 일을 하는 것만으로는 부족하다. 세상에는 훌륭한 의인이 많은 것처럼 말이다. '감사'하는 마음은 매우 중요한 역할을 한다.

나는 처음 혼자가 되었을 때 각종 마음 수련하는 동기들과 어울렸다. 자연치유를 하면서 같은 무리 속에서 바쁘게 지냈다. 사람은 누구나 혼자 있는 시간을 두려워한다. 그 두려움으로부터 벗어나기 시작한 것은 나의 죽음에 대해 예행연습을 하고 난 이후부터이다. 그때가 내가 처음 감사하기를 시작한 때이기도 한다. 내가 나의 죽음을 바라볼 때 '이 세상에 내가 없다면 내가 그토록 갈망한 것들이 무슨 소용이 있겠는가!'라는 생각이 나를 깨우치는 데 일침을 가했다.

나는 감사를 알고 난 후 행복을 알게 되었다. 앞서 말한 혼자만의 여유를 즐길 줄 아는 사람이 되었다. 지극히 사소한 것들로 인해 누릴 수 있었던 것을 몰랐을 뿐이다. 흔히 마흔이 넘어가면 '내가 무엇을 할 수 있을까!'라는 생각을 한다.

남들은 경력단절이라서, 나이 마흔이 넘어서, 할 줄 아는 것이 없어서라는 말로 직장을 못 구하고 있었다. 하지만 나는 감사와 정화, 그리고 잠재의식과 마음의 힘을 이용하기 시작했다. 그때부터 '나는 40대라서 돈벌이가 좋다.', '내가 가야 할 곳은 많다.', '나는 무엇이든지 잘한다.'라고 말하고 외쳤다. 그 이후 어디를 가든 나는 채용이 되었다.

아주 사소한 것으로 예민하게 굴었던 나였다. 나는 자연을 볼 때 사랑의 눈으로 본다. 그럼 온 우주의 에너지가 넘실대며 춤을 춘다. 그 피어오르는 꿈틀거림이 기분 좋다. 나는 멍 때리기를 좋아한다. 생각 없이 멍하게 바라보면 자연이 주는 즐거움을 누릴 수 있다. 감사를 통해 감정이 편안해지면 흐뭇한 미소와 함께 행복감이 퍼져 나온다. 행복에너지를 채우는 것은 지극히 평범하고 사소한 것들이다.

영아기를 거쳐 유아기를 지나면서 우리는 아이들을 통제하기 시작한다. 이것저것 온갖 안 되는 이유를 대면서 아이들을 억압한다. 우리가 그렇게 억압을 당해서 자랐다. 본연의 순수함과는 거리가 멀게 자랐던 것이다. 그래서 그냥 웃기가 힘든 것이다. 사회적 지위와 권위의식이 우리를 웃지 못하게 한다. 한번은 출가해서 절에 있을 때의 일이다.

은사 스님께서 내가 자주 웃고 미소를 보이니 나를 혼내셨다. 스님이 그렇게 아무 때나 웃으면 안 된다고 말이다. 나는 나 스스로 너무 자유로운 영혼이었던 것 같다. 지나가는 새들을 보면서도 웃고, 나무와 들에 핀 꽃들에게도 말을 건넸다. 누가 보면 미친 사람으로 보이지 않았을까 생각해본다.

감사를 안 하고도 잘 살 수 있다. 감사는 잘 사는 것과는 무관하다. 내가 하는 감사와 정화는 차별성이 있다고 생각한다. 내 영혼과의 대화이자 행복의 에너지를 넘치게 하는 매력이 숨어 있다.

나는 50을 갓 넘긴 평범한 사람이자 직장인으로 평범한 삶에 책을 쓰는 일을 하게 되면서 평범을 넘어 특별함으로 살고 있다. 나이가 들면 자연스럽게 멀티에서 멀어지게 마련인데 멀티로 살려고 보니 실수를 반복하게 되었다. 그런 실수를 통해서도 나는 정화를 했다. 정화를 하고 감사

를 한 덕분에 직장에서도 잘 지내게 되었다. 내가 감사를 알고 난 후 제

일 먼저 바뀐 것은 삶을 대하는 태도이다. 언제나 종업원 마인드와 피해

자 마인드로 살았던 나다.

　세상에서 조화롭게 살겠다고 다짐했다. 그 후 처음 마트 캐셔 일을 시

작할 때 최선을 다해 주인의식을 가지고 일했다. 그것으로 인해 나름 자

부심을 갖고 살았다. 나의 업무 능력, 거래처와의 관계 형성과 유대관계

에서 탁월하다고 생각한다.

　감사가 주는 행복에너지 채우는 것은 간단하다.

　첫째, 내가 가는 길목마다 감사와 사랑을 말하기

　둘째, 명상을 통해 평화와 행복에너지로 갑옷 두르기

　셋째, 비가 오더라도 맨발로 걸어보기

　넷째, 모래밭에 털썩 앉아 명상하기

　다섯째, 모르는 사람에게 '안녕하세요.'라고 인사하기

　여섯째, 들에 핀 꽃과 나무, 식물들에게 사랑의 눈으로 인사하기

　일곱째, 콧노래 흥얼거리기

　이 연습은 나이와 상관이 없다. 호기심 가득, 설렘 가득 살다 보면 행

복에너지는 저절로 채워지기 시작한다. 그때부터 행복의 날갯짓을 하게

될 것이다.

감사가 주는 아주 특별한 이벤트이기도 하다. 이벤트에 당첨되려면 그냥 감사하라.

당신의 감사는 무조건적인 사랑을 경험하게 하리라 확신한다.